記憶のキャッチボール

子育て・介助・仕事をめぐって

青海恵子 & 大橋由香子 著

インパクト出版会

記憶のキャッチボール
子育て・介助・仕事をめぐって

もくじ ● ● ● ● ●

はじめに

　青海恵子さんと知り合ったのは、一九八〇年代の半ばだっただろうか。彼女はアルコールも煙草も好きで、何回か会ったり、飲んだりするようになった。そのころの私は、新宿に住んでいて、終電を気にせずに身軽に飲み歩く毎日だった。恵子さんは大田区に住んでいて、私の実家も同じ区内だったので、彼女の団地に遊びに行くこともあったが、介助という立場でかかわることはなかった。

　親しい女友だちは子どもを産まない人が多かったなかで、やがて恵子さんに赤ちゃんが生まれると聞いて、へえ～、と新鮮に感じたのを覚えている。

　車椅子を使っている彼女が妊娠・出産することへの驚きもあっただろう。けれど、それより、「子どもがいる暮らしもいいなあ、でも大変そうだから私にはムリムリ、でも……」と悩み迷っていた時期なので、「そうか、困難があったって産むという道もあるんだ」という発見だったのだと思う。その後、自分が妊娠して、某駅ホームでそのことを告白したとき「だいじょうぶ、なんとかなるよ」という恵子さんのやさしい笑顔に、ほっとした。

　子持ちになってから、私も大田区に越してきた。慣れない育児、自由に飲み歩けないストレス、賃労働とのバランスなど、初めて遭遇する葛藤を誰かと共有したかった。そのとき、子育ての先輩である恵子さんが近くにいた。

　そして始めたのが、お互いの気持ちや考えの揺れを手紙でやりとりすることだった。今から約十年前、何回かおしゃべりして、こんな企画書をつくってみた。

育児・介助・労働――私的なことを社会化することの意味

　赤ちゃんが生まれてベビーカーで街を歩くと、いかに段差が多くてたいへんかを実感できる。電車に乗るときも、階段だらけの駅の構造に改めて驚かされる。

　小さな子どもを抱える母親と、例えば車椅子の障害者とは、このように、ほんの少しだが共通点がある。社会的な「弱者」であるし、賃金労働をしていなくても周囲の人から不思議に思われれない。

　子どもを預けて賃金労働に出かけるということに関しては、「保育園」という存在がポピュラーになってきたこともあり、社会からの非難も、女性が感じる後ろめたさや罪悪感もかなり減ってきた。それでも育児をまわりと共有することは、心理的抵抗感だけでなく、利用できる制度や仕組みがまだまだ少ないこともあって、難しい面がある。小さな子どもを預けてまで働かなくてもいいのに、そうまでして働かなきゃいけないなんてかわいそう……という視線が、今でも存在する。

一方で、障害者と呼ばれる人は「働かなくていい」といわれる。そして「介助」が、地域で生活するうえで必要不可欠になっている。

　そもそも「自分で何でもやるべきだ」という規範を身につけてしまった健常者が、「育児は母親の仕事だ」という新しい規範にがんじがらめになるのは、ある意味で当然のこと。一方、「介助」がすでに生活の中に入りこんでいる障害者にとっては、育児においても人の手を借りるのは自然のなりゆき。

　車椅子を使い、翻訳を仕事とし、パートナーと子ども（小五女子）と三人で生活している青海恵子と、今のところ健常者で、フリーで編集・ライターをし、パートナーとふたりの子ども（小三男子、小一男子）と生活している大橋由香子が、「母親でもある」という共通点と、「障害のあるなし」という違いを頭のすみにおきながら、上記のテーマについて意見をやりとりしていく。つまり、育児、介護、そして働くということをめぐるキャッチボール。読む人の、いろいろな思考を誘い出すことになればいいな、という企画である。


　こうして、手紙のやりとりが続いた。途中からは『インパクション』に掲載するようになったので、ちょっと「ええかっこしい」してしまったかもしれない。でも、日常の雑事にため息をつき、世の中の出来事に苛立ち、うれしい出会いに泣いたり笑ったりしながら、その時々の思いを相手に伝えたくて、反応をききたくて、書いてきた。

　それは、個人的・私的なことは政治的・社会的であることを、改めて感じた日々でもあった。

　前口上はこれくらいにして、私たちの悶絶ぶりを、とくとご覧くださいませ。

大橋由香子

記憶のキャッチボール

第１章　1997.11～1998.6

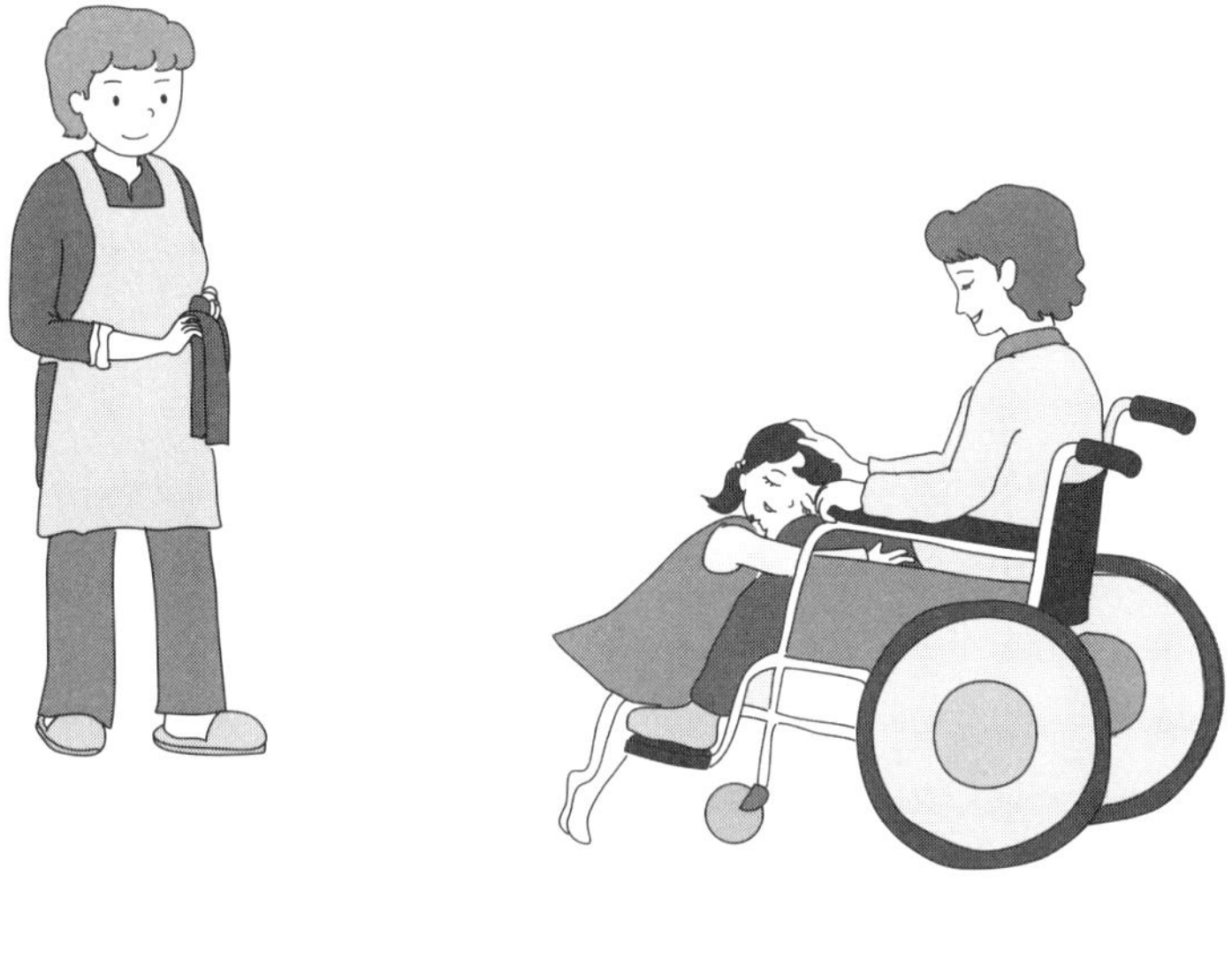

大橋由香子さま

　このあいだ、端が黄色くなった古いノートが出てきました。何が書いてあるのだろうと開いてみたら、子どもが二歳くらいのときの日記風の覚え書きのようなものでした。

「……ふと不思議に思うことがある。ここにいる私はほんとうに〈私〉なのだろうかと。西日の差しはじめたひっそりとした部屋の真んなかで、二歳になる娘が丸い背中をこちらに向けて、しきりに何か言いながら、赤い蝶々のハンカチを畳んだり、広げたりしている。それを見ている自分に、ふと、これはほんとうに〈私〉なのかと不思議な気がする……しかし、これは紛れもない現実であり、ここにいるのは私自身だった。そして目の前で遊んでいる、少しずつ幼児の体型を示しはじめた女の子は紛れもない私の娘であった……」

　あのころの気分が古ぼけたセピア色の白黒写真のようによみがえってきました。脈絡のない片言をつぶやく二歳の娘と私のほかにはだれもいない、夕暮れ近い午後の静けさのなかに漂っていた妙な焦燥感と焦点のぼけた孤独感。あれはいったいなんだったのでしょう。

　いまになって考えてみれば、乳児期から幼児期にかけての子育てのあいだ、この妙な焦燥感と、焦点のぼけた孤独感は波のように寄せては引いていたような気がします。その正体にはいろんな要素が絡みついていたのでしょうが、思い出すのは、まとまった一人の時間がなかなかとれないことへの焦り、一人っきりの子育てではなかったにもかかわらず、なぜか突然エアポケットに入ってしまったかのように、娘と私だけが取り残されてしまいそうな孤独感です。

　もちろん、言葉を覚えはじめた娘といることの楽しさもありました。戦後、ポリオが猛威を振るっていた一九五〇年代のはじめ、一歳半ほどでポリオにかかった私は、障害をもつ子どもから大人へと成長する過程で、結婚して子どもを産んで、という標準的な女の生き方からはとっくに降りていました。子どもを持つという選択は私には訪れるはずがないと思いこんでいました。だから、いまここに、子どもと私がいるということに、ときどき「不思議」の感に打たれていました。

たとえば、晩秋のある日、そのころは手動の車椅子を使っていた私は、車椅子をヘルパーさんに押してもらって、ちょこちょこと歩く子どもを連れて散歩に出ると、木の葉が風にはらはらと舞い散っていて、それを見た幼い娘が「葉っぱさん、さむい、さむい」と身を震わせました。そうか、葉っぱさん、さむい、さむい、か、と子どもの感性を発見する喜びも、一方ではありながら、まだまだ翻訳修行中の身でもあってみれば、まとまった一人の時間がとれないということは、たまに舞いこんだ締め切り仕事を思うようにこなせない、思うように本が読めない、そしてこのまま取り残されていくのではないかという焦りもあったのです。

そんな複雑な心境をなぜか忘れたくないと思って、一時期こんなノートをつけていたのかもしれません。こんな一節もありました。

「……片言を覚えはじめ、なんでも自分でやりたがるこの子が、ある日『ポリアンナ』〔10頁コラム〕の本を読んでやっていると、車椅子の少年ジェイミーの絵を見て〈おんなじねぇ〉と言ったかと思うと、玄関の入り口のすみにおいてある私の外出用の車椅子のところに行き、それをポンポンたたきながら〈あるよ、おんなじねぇ〉と何度も自慢そうに言って、〈おかあさんも、あるんだもんねぇ〉と私のところへ戻ってきて同意を求めた。〈そう、おんなじね、おかあさんも車椅子に乗ってるのね〉と、私も応えた。この子はこうして母親の私を認識してゆくのだなと思った。母親が車椅子で生活する人間であるということは、彼女にとってまだ、なんの意味づけもなされていない。そういう事実が事実としてあるだけだ……」

あれから十年あまり、子どもはすでに小学校の五年生。子どもに物理的に手のかかることはなくなりました。私自身もそれなりに仕事ができるようになり、やりたいと思っている活動に力を入れる余裕もできて、子育てもすでに第二ステージに入っているようです。あのころの妙な焦燥感と焦点のぼけた孤独感が訪れることもめったになくなりました。

けれど、あのころの感覚には、家庭のなかでの男と女の関係、母親の役割、そして仕事、それらにまつわるさまざまな想いの原点があるような気がして、育児、介助、といった私的なことは社会化できるのか、できるとしたらどのようにして可能なのか、そして、女であるあなたにとって、障害者であり女である私にとって〈働く〉ということはどういうことなのか、考えてみたいねという話を由香子さんとして以来、まずはこの感覚の正体をもっとしっかりと突きとめておきたいと思うようになりました。

乳児期から幼児期にかけての子育ての時期、由香子さんのなかでもっとも支配的な感覚はどんなものでしたか。お互いにそこから考えてみませんか。お返事を待っています。

一九九七年十一月十日

青海恵子

ポリアンナ

『少女ポリアンナ』菊島伊久栄・児島なおみ訳、偕成社

『ポリアンナ』（一九一五年）はエレナ・ホグマン・ポーター（一八六八年〜一九二〇年）原作。

舞台はアメリカ、ベルディングスビル。主人公の少女ポリアンナは牧師の父と二人きりで暮らしていたが、父の死後、子ども嫌いのおばさんに引き取られる。つらくあたるおばさんとの日々、孤児のジミーや偏屈なペンデルトンらとの出会い。そうした日々を父に教えられた「よかった探し」で切り抜けてゆく。やがてポリアンナは思わぬことで交通事故にあい、足が動かなくなる。その手術と治療のためにボストンに行き、カリウ夫人のところで、足の不自由なジェイミーと知り合い、仲良くなる。相手のいいところを見つける「よかった探し」で周りの人たちを幸せにしてゆく少女ポリアンナの物語。

フジテレビで八六年にアニメ化。それをもとに編集された本を、このときは読んでいた。（S）

青海恵子さま ●●●●●

今でもよく憶えています。

子どもが赤ちゃんから幼児の小さい頃、小学生や中学生くらいの子どもがいる女性から、「今が一番いい時よ。すぐに『くそばばあ』とか憎らしい口きくようになるのよ」「あっという間に大きくなるんだから、そんなにあせらないでじっくり子育てすれば」といった類のことを言われました。

そうなんだろうな、と当時も思っていたし、上の子が小学校三年生、下の子も一年生になって保育園の送り迎えから解放された今は、実感としてそのことが、よ～くわかります。

わかるんだけど、あの状況での先輩ママのあの言い方は、「お腹がすいてるかもしれないけど、そのうちお腹いっぱい食べられるようになるから、今は空腹でもいいのよ」と諭しているようなもの。小さい子どもと一緒の（というよりは、子どもの世話に追いまくられる時期の）気持ちのあせり、世の中から取り残されていくような感覚は、その時の当事者にしかわからない。一度くぐってきた経験者でも、その瞬間を過ぎたら記憶は遠のき忘れてしまうのだと実感しました。

あなたはそれを、「妙な焦燥感と焦点のぼけた孤独感」と記していましたね。やっぱりそうか、と私も納得しました。焦燥感と孤独感であるとともに、あれは一種の空腹状態――人によっては飢餓状態なのではないか、と今の私には思えます。

私は、障害者ではないし（ところで障害者じゃないことを表現する言葉は「健常者」なのでしょうか。あまりピンとこない言葉です）、大きくなったら結婚して子どもを産んで……という将来イメージをもてる状況にあったわけです。

でも、あまのじゃくというか、周囲の期待に反発する性質だったのでしょうか、幼稚園の頃から、女の子と遊ぶより、男の子たちと忍者ごっこや西部劇ごっこをして遊んでいました。もちろん、そのまま大人になったわけではなく、紆余曲折はありましたけど。

たとえば、小学生の頃、それまではフリフリの服が嫌いだったのに、知り合いの人からの「おさがり」でもらった「シミーズ」がすごく大人の女っぽくて、早くこういう下着を身につけたいなと憧れた時期もあったし、「あまり勉強ができすぎると『かわいげがない』と思われるから少し間違えたほうがいいのよ」と母親に言われ、反発しつつも、どこかで「なるほど」と感じたことがあった、などなど。

でも、思春期の頃には、「結婚して子どもを産んでいいお母さんになる」という期待される女性像のようにはなりたくない、と漠然とながら確実に感じていました。このあたりの「期待される生き方」が障害者とそうでない者とで決定的に違う――このことに気づいたのは、やはり一九八二年の優生保護法の改悪反対運動*などで、障害をもつ人たちに出会ってからのことです。

つまり私は、子どもを産むことを自分の自然な欲求と感じてそれを受け入れるまでに、ずいぶんと時間を必要としました。子どものいる生活もいいな、と思えたのは二十代の後半。決して遅くなかったと今は思うけど、そのころは、二十代後半でも、「なんで赤ちゃん産まないの?」「子どもはまだ?」と何回も聞かれ、「そのうちほしくなるよ」と決めつけられたものでした。あまのじゃくな私は、そう言われるとよけい、まだまだほしくないもん、と思ったわけです。ただ私の場合、「いつかは産んでみたい」という気持ちは底のほうに流れていました。

それにしても、若い女に対する「まだか?」「まだか?」攻撃は、女たちの精神を抑圧します。「女は結婚して子どもを産むべき」という押し付けからの解放を求めることは、裏返しの抑圧として存在する「障害がある女性には結婚や出産・育児は無理」という常識を覆すことでもあります。でも七〇年代や八〇年代の優生保護法をめぐる運動では、このコインの裏表は広く共有されなかった。あるいは表と裏の間にある「違い」以上の差――差別する側とされる側の関係――を見つめることが必要だったのかもしれません。

さて、私が子どもを産んでからの一番の気がかりは、仕事を続けられるかどうかということでした。子どもの父親（私のパートナー）が仕事を辞めるという選択肢は冷静に考えると消えていったし、私も仕事を辞めてとりあえず専業主婦になっちゃえ、とは思えなかった。そうすると、子どもを誰か（どこか）に預けて仕事に行かなくてはいけない。でも、なるべく長くおっぱいをあげていたいし、日々変化する、このおもしろくてかわいい生きものと一緒にいる時間もたくさんほしい、それじゃあ、仕事はどうする?　――この堂々巡りで悩んでいました。

しかも、子どもとずっと一緒にいたいと思う一方、ずっと一緒にいる時はなんともいえないあせりに似た感覚、「このままでいいのだろうか」という気持ちが、ふつふつと湧いてくる。本当に「引き裂かれる」という言葉がぴったりの状況でした。

私が妊娠した一九八八年にはまだ育児休業法ができていなかったので、正社員を続けるには産後八週間で職場復帰しなければいけませんでした。赤ちゃんはまだ首もすわってない時期です。結局私は、お産のあと半年くらいは完全に仕事を休んで休職扱いにしてもらい、そのあと週三日、九時半から四時半まで別途契約を結び職場に行くパートタイム生活を始めました。往復の通勤時間を入れると前後一時間プラスで、八時半から五時半まで保育園に預けることになります。

週三日とはいえ、この生活は私とパートナー、そして息子にもかなりハードなものでした。近所の公立保育園にアキがなく、電車で一駅のる無認可保育園に通っていたことも大変さを倍加させていました。なによりも、生後六か月の赤ん坊に授乳し、保育園用の着替えやらシーツやら一式と一緒に赤ん坊を連れて外出し、それから出勤する……これだけでもう一仕事というかんじだったのです。

それも、二人目の子の時を振り返れば、あるいは毎日出勤することを考えれば、まだまだラクなはずですが、その瞬間の当事者としては、初めての経験ですから大変なのです。それなのに、自分が経験済みだからといって、「そんなのは楽なほうよ」「二人目、三人目はもっと大変なのよ」と初心者を脅す先輩もいて、こまったものです。

というように、「大変さ」にスポットをあてていくと、会社でお乳が張ってきて、トイレに駆けこみ乳しぼりをしたこととか、会社に着いて仕事を始めたとたん、保育園から電話がかかってきて「熱が出たから迎えにきてください」と言われ、途方に暮れたとか……書き出したら止まらなくなります。

が、一方で、保育園に預け、赤ん坊を抱っこした保母さんに「いってらっしゃい」と言われ「いってきま～す」と保育園の玄関をしめたあとの、自分ひとりでお出かけという感覚が、とっても新鮮であり、文字どおり「身軽」だったことも思い出します。現実は、赤ん坊がニコニコと私を送り出してくれることより、泣いてしまうことが多く、後ろ髪ひかれる思いで「仕事を辞めるべきか辞めざるべきか」と若きウェルテルのごとく悩みつつ、時には涙腺をゆるめながら、電車に乗ったものでしたが。

さて、私にとって子どもができてからの大発見は、この「身軽」ということ、ひとりで外出できることの快感を知ったことです。子どもがいない時は、ごくごく当たり前だったので快感とさえ認識してなかったのですが、自分の出かけたい時に、自分の都合だけを考えて、勝手に外出する——これがどんなに贅沢なことか、思い知らされました。

そして、当時ふと、感じたのです。そうか、恵子さんたち車椅子を使ってる人は、今の私が赤ん坊をみていてくれる人を確保しないと外出できないのと同じように、介助する人を確保しないと、遠くに行けないのか……と。

あのころは、恵子さんは電動車椅子を使ってなくて、一緒にコスタリカの「女と健康国際会議」**に行った時の印象が強かったので、「外出＝介助者」と理解していたのですが、それが正しいかどうかは自信がありません。

ただ、それまで日常的に障害者の介助に入ったことがなく、でも友だちに車椅子を使う人がいるようになった私が、自分の生活感覚と障害者の生活感覚を重ねあわせて考えた、初めてのことだったような気がするのです。

「チッチッチッ、あまいあまい、そんな生やさしいもんじゃないよ」とたしなめられるのは承知の上で、でも、それは私の発見でした。

一九九八年一月二十日　大橋由香子

***優生保護法改悪反対運動**

明治近代国家になって百年以上、人工妊娠中絶は刑法堕胎罪でいまも禁止されているが、一九四八年、例外的に中絶を許可する条件や不妊手術について定めたのが優生保護法。女性の権利として位置づけられているわけではなく、「不良な子孫の出生を防止する」、増えすぎた人口を減らすためという人口政策であり、障害者や精神病者、ハンセン病患者への差別に満ちた法律だった。しかし、優生保護法の「経済的理由」によって医療の場で合法的に中絶手術が受けられたのも事実である。この許可条件を一部削除して中絶をしにくくさせる動きが一九七〇年初頭につづいて一九八二年にもあり、女性グループが集まって「産む・産まないは女（わたし）が決める」などと主張。「82優生保護法改悪阻止連絡会」をつくった。（１３０頁コラム参照）優生保護法は、一九九六年、優生思想にもとづく条項が削除され、名称も「母体保護法」へと変わった。

****女と健康国際会議**

三〜四年おきに民間の女性団体が開いている国際会議。人口政策に反対しリプロダクティブ・フリーダムを求め、一九八四年にオランダで開かれた第四回会議に大橋も参加。八七年コスタリカでの第五回会議には、青海も大橋も参加した。

大橋由香子さま

先輩ママの「諭し」と、それにたいするあなたの受け止め方、同感です。そこでふと私が思ったのは、この「諭し」のような、世間の解釈では、「励まし」でもあり、「ねぎらい」でもあるらしい、はっきりとした言葉を私はかけられたことなかったなぁ、ということです。これもコインの「裏と表」の違いでしょうか。

コインの表は想像がつくけれど、コインの裏は同じ子育てといっても、中味に想像が及ばないから言葉のかけようがない、言い換えれば、すべてを一人で背負いこんでなんとか切り抜ける「表」の大変さは想像がつくけれど、それが無理だと傍目にもわかる女親の子育ては想像がつかない、ということでしょうか。

だから「裏」の方が「表」よりも「大変」だと言っているのではないのです。どちらが大変かを競って、どちらが「大変」かが判明したところで、それで「大変」さが解消されるわけではなく、立ち向かうべき相手はもっと別のところで安穏としているような気がするからです。だから、由香子さんが子育てのなかでの実感から、私の制約の一つとしてある「移動の不自由」を想像したことを、「甘い」と決めつけるなど、もってのほかです。

なぜなら私もまた、子育ての時期をくぐり抜けるなかで、ああ、そうか、障害のない女にとっても、子育ては決して生やさしいものではないのだと、実感したのですから。大事なのはきっと、そこでの想像力をどこに向かって広げてゆくかだろうと思います。「表」と「裏」で、「大変さ」の現れ方、それへの対処の仕方に、どういう相違点があるのか、あるいは共通点があるのか見極めて、そのうえで両者が手を携えて向かうべき道を見つけることだろうと思います。

当時の実感を、私は「妙な焦燥感と焦点のぼけた孤独感」、由香子さんは「空腹状態」、「人によっては飢餓状態」と表現しました。そこのところをもう少し掘り下げてみようと思って、書き始めてはみたのですが、まだ自分の中でもすっきりと解決のついていないいろんなことが、いちどきに思い浮かんで収拾がつかなくなり、あきらめてしまいました。

「一夜あけて頭すっきり」とはいきませんが、まずは「いろんなこと」を整理するのが先でしょう。大きく分類すれば、私と彼（子どもの父親）との関係、私と介助者との関係、それらの関係のなかにいる子どもとの関係、そして「仕事」への思い、ということになるでしょうか。どれをとっても、書き出すと長くなりそうなので、一つずつ書いてみることにします。

当時の私と彼との関係でよく覚えているのは、「あんたは一緒に子育てするって言ったじゃないか、なんで私だけ？」という、被害妄想じみた恨み辛みのようなものを、いつもどっかに爆弾のように抱えていたことです。でも冷静になって考えれば、決して「私だけ」ではなかったし、彼もなにもしなかったわけでは決してなく、むしろ世の男たちに比べれば、「よくやる」方でしたし、自覚もしています。時間さえあれば、かいがいしく子どもの世話もする、料理もする、細かいことによく気もつく。それにもかかわらず、「なんで私だけ？」という感覚が拭いきれなかったのはなぜなのだろうと、いまは思います。一歳を過ぎた春から子どもが毎日、保育園に行くようになるまで、「働いて」いない私の方が、圧倒的に子どもといる時間が長かったせいかもしれません。

子どもが生まれて、私の生活ががらりと変わったというのでもない。それまでと同じように、家にいる生活……（ここだけとると、まさに「家内」）。ただ違うのは、以前のように、一人でいる時間を自由に使えなくなったこと、時間が細切れになったこと、介助者のいる時間が増えたこと。男は、家を出てしまえば、時間はつながってるんだな、仕事だろうが、なんだろうが、一定の連続した時間の流れのなかにいて、人と、つまりは社会とつながってるんだな、そう思うと、「くそっ、なんで私だけ！」と、思ってしまったのではないか。とくになかなか帰ってこない夜なんかは。

でも、彼には彼なりの言い分があることもわかっていました。一人で切り盛りしている小さな出版社は、彼がいなければ動かない、障害者や地域の活動にかかわることも必要、ぜ～んぶわかっている。夜の集まりに出るのは、介助者の来る夜だけと決めてあったし、なにも遊んで帰ってこないわけではない。飲んだくれて帰ってくるのであれば、爆弾を破裂させることもできたでしょうが、なにをしているのかも、今夜は遅くなっていい日だというのも、わかっているだけに、それもできない。

それでも、「早く帰ってきたら、いいだろうが！　なにしてんだよ！」というのが、あのころの偽らざる心境でした。でも、私はなぜあれほど、彼の帰りを待ちこがれていたのでしょう？　「亭主元気で留守がいい」という言い方がありますが、私は一貫して彼の「留守」に怒っていたわけです。「遊んでるわけじゃないんだから」と、頭ではわかっても、感情的に承服できない。私には確かにまだ「仕事」として明確に確立したものはない、これが当時の私の「妙な焦燥感」の原因だったのは、確かなのですが、そんな先の見えない不安と焦りも手伝って、だからといって、子育てを含めた家事の管理は私だけの責任ではないはずだ、と、閉塞感からの怒りの矛先が彼に向かっていたようです。

一緒に暮らしはじめたときから、双方がいわゆる「性別役割分業」ではなく、それぞれが自立して、それぞれのやりたいことをやれる関係をつくろうと思っていたことは確か。でもそれを、二人から三人になって、子育てが加わり、必然的に家事の質も変わらざるを得ない日常的な個々の具体的な場面で、それを確認できずにいたということもあるでしょう。早く帰ってきて料理を作ればマルとか、子どもの面倒をみればマルとかいうものではなく、それはあくまでも「お手伝い」のレベルであって、問題は、一緒に暮らしていてよかったと思えるコミュニケーションが成立しているかどうかなのだと思っていましたから。そのころ、私が彼に望んでいたのは、どうやら、「もっと時間をつくってくれ」ということに尽きるようです。

それでも爆弾を投げつけて自爆せずに、いまに至っているのですから、結果的に「一緒にいること」を、お互いに選択しつづけてきたということでしょう。その核になっているのは、この社会にあって、障害者として生きていることは、どういうことなのか、という問いを、それぞれに追いかけているという、共通の土台のようです。

介助者との関係、この問題は当時にかぎらず、私が親元を離れたときから、いまに至るまで、いつでも現在進行形なのですが、この時期、介助の必要度が高くなって、大きくクローズアップされたのは確かです。

私はもともと、介助のあり方は基本的に、それを必要としている人の数だけあっていいと思っていました。介助にたいして、私がこういうスタンスをとるようになったのは、東京で一人暮らしを始めようと、あれこれ準備をしていた一九八一年の夏、ある男性障害者と話をしたのがきっかけです。彼は東京で、あるセクト〔社会運動として活動する党派〕の人たちに二四時間介護を受けて生活していた人で、これが当時の自立生活（これもよく考えると、おかしな言葉です）の主流だったのではないかと思います。

あなたはなぜ自立したいのか、生活はどうするつもりか、介護はどうするつもりかと、たたみかけられて、私は私なりに考えていたことを話しました。すると、「あなたのそういう介護にたいする考え方は甘い、介護は僕らの命綱だ。そういう介護の入れ方は、ほかの障害者の自立の妨げになる」云々……。そのころの私としては、まだ弘前の親元にいて、しかもはじめてもいないことをあれこれと批判されて、かなりショックを受け、なにも反論できなかったのですが、弘前に帰ってきてからも、なんかおかしい、なんか傲慢、と納得がいかなかったものです。

その男性障害者が言っていたのは、大きくは二点。一つは、基本はあくまでも「二四時間の同性介護」、二つは障害者運動その他諸々の新左翼運動に係わること。これではまるで、障害者の生き方を障害者自身が規制しているようなものです。障害者運動に係わるか係わらないか、あるいはどう係わるかは、あくまでも当事者の選択の問題のはずだ、という思いがありました。

それから実際に私は東京へ出てきて、彼が「甘い」と決めつけたやり方で、東京での生活をスタートさせました。トイレは自分でできるように改造し、流しが使えるように、ふつうより座席面を高くした車椅子を作り、それに合わせてベッドの高さも調節したので、当面必要な介助は、「二四時間の同性介護」ではなく、週に一度通うことにしていた翻訳学校への送り迎えと、お風呂だけ。お風呂は別として、学校の送り迎えは、「同性介護」にこだわる必要もないと私は判断しました。

そしてセクトとも運動ともつながらない自立生活の道を選ぶとすれば、必要な介助者を、それまでの友達関係、これからつくる自分の人間関係のなかから見つけていくしかない。それには、なにが必要か、なにを伝えるべきなのか。そしてたどり着いた答えが、私と介助者がつながれるかどうかは、私と彼らとの関係性がつくれるか、平たく言えば私の人生と彼らの人生のどこかに接点を見つけられるかどうかだから、まず自分が東京へ出てきた目的と、当面の目標をわかってもらうしかない、ということでした。

私は自分が一生続けられる仕事をもちたいと思い、そういう仕事として翻訳を選び、翻訳の勉強をするために、まずは学校へ通うということで、東京に出てきたのでした。だから、学校のない日は、ひたすら机に向かって、翻訳の課題文を訳し、文章を推敲《すいこう》し、本を読んでいました。そんな私の生活を見て、異を唱える人もいました。ある程度、障害者の介助の必要性を知っている人のあいだには、「自立障害者（これも変な言葉です）が勉強にかまけて、障害者運動をしないのはけしからん」という雰囲気が、いまだに漂っている時代でしたから。それでも、私は私だ、と、突っ張っていたものです。

それから三年ほどのあいだに、彼と暮らすようになり、やがて私の妊娠、出産、子育てと、めまぐるしく状況が変化し、予測のつかない事態に備えて、介助者を増やす必要が出てきました。出産を決めた段階で、翻訳の学校に通うのはやめたので、定期的な外出はなくなり、学校の送り迎えの介助をしてくれていた男性も含めて（男が子育ての介助に入ったっていいじゃないかと思っていたので）、ほぼ二四時間介助に近い体制をつくりました。

　そして、無我夢中で始まった子育て……生後三か月になるまで、日中はよく寝て、なぜか夕方になると泣きだす。ミルクを飲んでちょっと眠ったかと思うと、またすぐに泣き出す。これが断続的に深夜まで続くのには参りました。毎日、夕方が来るのが恐ろしかった。だれかがいてくれる夜はまだいい、時が経つうちに、櫛《くし》の歯がかけるように、あっちがかけ、こっちがかけして、介助体制に穴があきはじめていたので、泣きやまない赤ん坊を抱いて、車椅子を動かすこともできず、じっと息をつめて、眠ってくれ、と念じながら暗い窓の外を見つめていた夜もあります。あのとき、十二階の窓から見えた常夜灯の灯りが、やけに明るく瞬いていたのを、いまでも憶えています。

　ほころびが目立ちはじめた介助体制を繕うのは、けっこうしんどいものでした。そして私はいつのまにか、どうしてもできないことは別として、ほころびをすべて繕うことにエネルギーを割くよりも、できるだけ自力でがんばってみる方を選んでいました。そのことも、彼の帰りを待ち焦がれ、彼の「留守」に怒っていた原因だったかもしれません。これが正しい選択だったとは言い切れません。「楽な方へ流れた」という見方もできるのですから。説明抜きで、あれして、これして、と言えてしまうパートナーの関係で、一定の困難を乗り切ろうとしたのですから。抱えこみにつながる構造に、半分足を突っこみかけていたわけです。

　私一人のことだけでなく、赤ん坊の世話も入ってくる介助に、釈然としない思いを抱いていた人もなかにはいたと思います。「思います」というのは、ふとした言葉のはずみで、それを察しても、正面切って議論したことはなかったから、断定はできないのです。議論するには、あまりにこちらの余裕がなさすぎたし、子育てという極めて私的な事態に他者を巻きこんでいくことに、どういう正当性があるのか、自信がもてなかったことも事実です。でもそこに自信がもてないというのは、大きく言うと、私の障害者としてのアイデンティティの危機でもありました。たぶん、私と介助者と子どもと彼と、という、私にとってはどれも大事な四角関係を、丸ごと納められる枠組みをつかみかねていたということでしょう。

いまもつかめたとは言い切れません。ただ、子どもが大きくなって、関係が保ちやすくなったので、問題として浮上することが少なくなったと言うことはできます。でも折に触れて考えるのは、子育てにしても、介助にしても、私的な領域にはちがいない、そこに他者を巻きこむ行為は、言ってみれば私的な領域の社会化をもくろむことだと。そのとき、プライバシーの問題とどう折り合いをつけ、双方からの認識を突き合わせる土壌をどうつくっていくのかと。

私としては、介助はそれを必要としている人間の生活に係わることであり、その時点でのその人の生活状況によって、介助の中味も変わってくるはずだから、あのころの私の場合は、たまたま子育ての時期だったということはできるのですが、あくまでもこれは、介助を必要としているこちら側の論理です。しかし介助する側の論理と感情は、それだけでは割り切れないないにかが、それぞれにあったはずです。おそらく、それをくみ取ってきちんと、一人ひとりと向き合う作業が必要だったのでしょう。その意味で、こちらに精神的な余裕がなかったというのは決定的です。

彼らには、私のところへ来て介助をする「義務」があるわけではない、だとすれば、私と彼女／彼たちをつないでいたのは、それほど負担を感じずに私のところへ来る時間的、体力的な余裕があったうえで、あるいはそこをやりくりする気があったうえで、私のところへ来る、その人なりの「理由」があるかどうかだけです。その理由が見えなくなれば、自然に私との関係は遠のくでしょう。そのことが漠然とはわかっていても、あのころの私にできたのは、どういう理由からであれ、その人の選択を尊重することだけでした。

子どもが三歳くらいになるまで、何人もの人との別れがありました。気持ちのよい別れも、後味の悪い別れもありました。もちろん新たな出会いもありました。ここをくぐり抜けてきて思うのは、介助の本質ってなんなんだろう、その本質に沿った介助を、だれもが必要なときに必要なだけ受けられるシステムはどうあるべきなのだろうということです。高齢化社会が叫ばれ、それに呼応して行政が、障害者も老人も一緒くたにして、いま介護保険法案がらみで作ろうとしているシステムが、はたしてそれに沿ったものなのかという疑問ともども、考えてしまいます。

ただ一つだけ言えるのは、介助の面からだけ考えていると、決してその本質は見えてこないだろう、ということです。障害者、健常者に係わらず、人と人の関係のあり方、社会と人との関係のあり方、社会に支配的な文化の面から考えないと、見えてはこないだろうと思います。そこから介助を受ける側と提供する側の対等なコミュニケーションの回路を、システムとして、どう確立するかなのだろうと思います。ここまで来ると、話が広がりすぎますね。この問題はまた考えることにしましょう。

一九九八年一月二十九日

青海恵子

青海恵子さま ●●●●●

二月は二回もスキーに行って、そのしわ寄せで忙しく、ここ数日は睡眠時間を削って仕事をするというひどい状態。しかも、パートナーは出張中なので、私が洗わないかぎり茶わんは流しに重なっていく一方。部屋には物とホコリが蓄積していくばかり、という荒れたありさまでした。

子どもが茶わんを洗ってくれることもたまにはあるものの、夜の十時近くまで祖父母宅に預けたりもして、子どももさすがに疲れていました。ああ、もうこんな生活はイヤ！

というわけで、前回のお手紙の返事が大幅に遅れてしまいました。

いやあ、驚きました。この前の恵子さんの手紙に書いてあった「私と彼の関係」のところ、ほとんどまったく一緒なのです！　ところどころに出てくる「障害者」や「介助者」という言葉を別にすれば、赤ん坊のいる暮らしを始めた、あのころの私の気持ちが、そのまんま書かれているみたいでした。

あるいは、彼の「障害者や地域の活動」を、「組合や職場の活動」にすれば、違いは「介助者」だけになるかも。

具体的になにが一緒かって？　もちろん、彼に対する「恨みつらみ」です。

私の場合、妊娠したのは、彼と一緒に暮らすようになって六年めのことでした。親の家から独立した解放感と、目がさめると横に好きな人がいる幸福感♡（そんな時代もあったのね！）で、ふたりきりの暮らしを満喫しつつ、生活習慣の異なる人間が一緒に暮らすうえでの試行錯誤を経て、それなりに安定した毎日のリズムができていた＝マンネリ化していた状態で、妊娠しました。

「ふたりきりの暮らし」とはいいながら、アパートが新宿から歩ける距離だったので、終電に乗り遅れた友人・知人がしょっちゅう泊まりに来ていました。今から思えば、アパートには寝に帰るだけ、仕事のあとも夜遅くまで飲み歩いたり、映画を観たり、会議や集会に行ったり、なんだかお祭りみたいな日々でした。

もともと「それまでと同じように、家にいる生活」をしていた恵子さんとは、えらい違いですね。

そんなふうに、マイペースのアルコール漬け、好き勝手な生活をしていた私が、赤ん坊を抱えて六畳と三畳の狭いアパートにいたら、どんな精神状態になるか？　今ならその大変さが想像できますが、当時はすべてが初体験。まさか、あのようなホラーな状況が待ち構えていようとは、夢にも思わなかったのですね（くわしくは『ニンプ・サンプ・ハハハの日々』参照・29頁）。

今でもはっきり覚えている出来事があります。

オットを会社に送り出して、私は赤ん坊におっぱいをあげ、寝かしつけてオムツの洗濯をし（なんと、布オムツを使っていた！）、干し終わらないうちに途中で泣き出し、オムツをかえて、おっぱいをあげて、ちょっとお散歩に行って、帰ってきて、赤ん坊の機嫌のいいあいだに残りの洗濯物を干して、朝ごはんの茶わんを洗って、「あら、もうお昼すぎてた」とパンかなにかを自分の口に入れて、また赤ん坊が泣いてオムツをかえておっぱいをあげて、お風呂を洗って、赤ん坊が寝たら掃除をしようとして、少し新聞の見出しだけ見て、洗濯物を取り込んでたら、もう夕方だ……ああ、晩ごはんは何にしよう。

そんな時に、オットが帰宅しました。

「あれ、夕飯のしたく、まだなの？」

彼のこの一言で、私はプッツン切れました。

冷静に考えれば、まだ夕飯の準備ができていないという事実を述べただけの彼の一言なのですが、その時の私には、「一日じゅう家にいるのに、ごはんのしたくを何もしていない」という私への非難に聞こえたのでしょう。ずっと家にいて赤ん坊の世話をしていると、なぜかアッという間に時間が過ぎてしまうことへの不思議さに、なによりも私自身がとまどっていました。

「まだなのよ、もう夕方なのにね。なぜだかすぐに時間が過ぎちゃうのよね、ハハハ」とか笑って、不思議さを彼と共有する手もあっただろうに、「私は一日じゅうこんな大変な思いをしているのに、あなたは何もわかっていない！」

という怒りと攻撃の感情がふつふつと湧き上がってきて、それをぶつけてしまいました。

そういうふうになったのは、私が未熟な人間で、精神的にも肉体的にも余裕がなかったからだけれど、それだけでなく、赤ん坊が生まれてから、あるいは妊娠してからず〜っと抱えてきた不条理感が、大きく影響していると思います。

私は、赤ん坊ができてから、自分のからだも、生活も激変したのに、彼はそれまでと何も変わらない毎日を送っている。

「何も」というのは言い過ぎで、妊娠中の出産準備教室に一緒に行ったり、お産の当日もたまたま仕事が休みの日だったので分娩に立ち会えたし、生まれてからはそれなりにオムツをかえてみたり洗濯もしたりしてたけど、この私の劇的な変化にはとうてい太刀打ちできるわけがありません。

妊娠中のからだの変化は、私の場合「大変だった、しんどかった」という思いよりは「おもしろかった！」という実感のほうが強いので、その点では彼はそこを体験できないし、私と共有できなくて、かわいそう、とも思います。

でも、仕事をどうしようか、という悩みに関しては、これはすべてが私だけにかかっていたわけです。私のからだに起きる妊娠・出産だから、私が職場でどうするかという問題に直結するのは仕方ないけれど、赤ん坊が生まれてからどうするか、という点については、もっと男も関われるはずなのです。

産後のいちばん大変な時期に、男も休みをとる、労働時間を短くする、あるいは女性の産休が終わって職場復帰するときは、男も育児時間がとれて、朝晩の保育園の送り迎えができるようにするとか、子どもが病気のときは、女親も男親も同じように休めるようにするとか。

ところが、実際には次のようになってしまうのです。

「赤ん坊ができた」→「女性が仕事を続けたい」→「女だけが働き方を変える（仕事を減らす）」→「労働時間を短くした女性が育児・家事を多くやる」→「男はそれまでと変わらず仕事を続ける（あるいは妻の収入が減った分よけいに残業する）」

「なんで私だけ？」という思いは、「赤ん坊の世話がつらくてイヤだから、あなたもやって」とは少しちがいます。ふたりの関係がそれまでとはまったく異なるものに変わってしまったことへの不満なのです。

さて、ここまでの話は、自分と彼とのふたりで、どう育児を乗り切るかということを前提に書いてきました。でも実際には、子どもの母親と父親だけで、育児ってできるのかな？　という疑問を、最近、私は抱きます。現実には、ほとんどの人が夫婦単位で生活し、しかも実質的には女親のほうが家事と育児をしているのだろうと思います。でも、そのことのしわ寄せは、いろんなところに現れているんじゃないか、そう思うのです。

夫婦ふたりだけじゃ大変だからと、安易に「おばあちゃんの知恵」だとか「大家族・三世代家族の良さ」は言いたくありません。夫への恨みつらみ以上に、姑や舅あるいは自分の親への不満が生じることがあるからです。自分の母親が、イエ制度のもとでの「嫁姑問題」で苦労しているのを子どものころから見聞きしてきた世代なので、昔の「嫁」の立場の情けなくも哀しい状況は、二度と御免こうむりたいです。そうした人間関係のマイナス面をちゃんと押さえた上で、もっとちがう形で、子育てに複数の大人が関わったほうがいいんじゃないか、と感じるのです。

複数の大人といっても、もちろん関わり方は、親とそれ以外の人とでちがってきます。みんなが赤ん坊と等距離に関わる必要もないし、関わることもできないだろうし、でも、母親と赤ん坊だけ（そして夜と朝だけ父親も加わる）という箱入り状態ではなく、箱にいくつかの穴があって、そこから別の大人が入ってきたり、見にきたり、手を貸したりする。そんなイメージです。

私の場合、その「別の大人」は、自分の親と、保育園の職員でした。そのために、赤ん坊が七か月になるころ、親の家の近くに引っ越してきて、赤ん坊の保育園通い&私の職場復帰が始まったのです。オットが一か月の半分は出張で不在のため、子育ての戦力として当てにできないという事情もあったとはいえ、なんともつまらない話です。

でも、当時は、いわゆる「他人」を育児にまきこむことに、あまり積極的な意義も見出せなかったし、やってみたいとも感じませんでした。

理屈としては、他人と一緒に子育てもふくめて共同生活する試みがあることはわかっていたし、自分が妊娠と遠い時期にある時は興味もあったけれど、いざ実際問題になると、余裕もなかったし、やっぱりむずかしい。そこの感覚が「私的な領域」「プライバシー」ということだったのかもしれません。

ところが、赤ん坊が「幼児」や「子ども」というかんじになるにつれて、子どもの友だちの家族と一緒に夕飯を食べたり、子どもを預けあったり、お泊りしたり……という関係ができてきました。それは、「子どもがいる生活」にだいぶ慣れてきてからのことです。

そんな私にとって、「介助」という関係の延長として、結果として子育てにも「他人」をまきこんでいる恵子さんたちの暮らしは、望んでのものか、仕方なくなのか、そのへんはわからないながらも、さっき書いた「穴あき箱」のイメージと重なるものでした。

そんなわけで、赤ん坊を育てる、小さな子がいるという状態で「介助者」がいるというのは、複数の大人が関わることになるわけですから、案外いいもんじゃないか、と勝手に想像していたのですが、前提となる〃障害者にとっての「介助」〃のところ（つまり前回の恵子さんの手紙の後半「介助者との関係」）を読んで、私は強い衝撃を受けました。

「彼との関係」を読んでの私の感想が「私と一緒だ！」という驚きだとしたら、この介助の世界は「うっそ〜！」という驚き。まさに未知との遭遇です。

何に驚いたのか。介助者のいる生活が驚きなのではなく、障害者解放運動との関連性です。

あなたが東京に来て生活を始めた一九八〇年代のはじめでも、そんなにも障害者の自立運動と新左翼運動が密接に結びついていたとは！（逆にいえば、新左翼運動なりセクト／党派が、そんなにも障害者の暮らしに深く関わっていたとは！）という驚きです。

そして、そこから導き出される「正しい自立生活」というロジックも、懐かしいというか、グロテスクというか、「ああ、新左翼運動だなぁ」とため息が出てしまいます。

介助をしたことがない私に、そんなこと言われたくないね、とセクトの彼女・彼らは思うでしょうが。

同じ八〇年代前後、私の知り合いで「障害者の介助」をしていた人は、たまたま「ボランティア・サークル」というキリスト教的な雰囲気だったり、えらく個性的で面白い人がいるから介助がてら遊びに行ってる、という感じだったりしたので、よけいに驚いたのかもしれません。

まったくテーマは違うのですが、自分の職場で組合をつくろうとしている某セクトの女性が、「本当は婚姻届なんか出したくないんだけど、パートのおばさんたちの信用を勝ち取って組織化するためには、婚姻届を出して、ちゃんとした結婚をしてることにするんだ」と話していたのを、なぜか思い出してしまいました。「なんか、本末転倒だなあ」とそのとき感じたのを覚えています。今ごろ彼女、どうしているかな。

考えてみれば、女性解放運動と新左翼運動の関連は、その対立や共闘の歴史について、けっこう自分と近い距離で考えていたけれど、同じように、障害者解放運動と新左翼運動も、両方に携わる人がいたり、独自に動こうとする人がいたり、いろんな歴史があるんでしょうね。

今は長野五輪のあとのパラリンピックの真っ盛り。恵子さんはテレビや新聞の報道に、どんな感想を抱いていますか？

先月、忙しさの合間をぬって、「ビヨンド・サイレンス」〔29頁〕というドイツ映画を観てきました。ろう者の両親をもつ女の子のお話で、親と子の葛藤といったテーマに、「手話」が絡んできます。

子持ちになってから、「音楽を聴くと涙腺がゆるむ症候群」が悪化する一方の私は、ウルウル状態になってしまう映画でした。ぜひ恵子さんの感想もききたいな。機会があったら観てください。本も出たようです。

きょうはこのへんで終わりにしますが、最後にひとつ。

前回の最後のほうで、ほころびが目立ち始めた介助体制を繕うより、できるだけ自力でがんばってみるほうを選んだことを、あなたは「正しい選択だったとは言い切れません。『楽な方へ流れた』という見方もできるのですから」と書いていますね。そこを読んで、私はちょっとした違和感をもちました。

そんなに厳しく考えなくてもいいのに、とまず思ったのです。そして、いつか恵子さんが私に言った言葉を思い出しました。

私が仕事と子育ての綱渡り状態に悩んで、どうせ収入分はほとんど保育園代で飛んでしまうんだから、いっそ今は仕事をやめて専業主婦になっちゃえば楽かな、と思うこともある。でもオットに扶養される状況には抵抗を感じるから、やっぱり細々とでも仕事は続けたい、という迷いについてしゃべっていたときです。

「扶養されてても別にいいじゃない。それで好きな活動をするというのも、ひとつの手じゃないかな。私だって年金で生活しているんだから、それと同じだと考えれば？」と（正確な内容は違うかもしれないけど）、あなたが言ったのです。そのときは、きっと、あなたが私に「そんなに厳しく考えなくてもいいのに」と思ったのかもしれませんね。いずれにしても、仕事や働くこと、お金ということに関係してくる問題です。

その前に、介助についての私の知らない世界を、もう少し聞かせてください。

一九九八年三月十一日

大橋由香子

ビヨンド・サイレンス

カロリーヌ・リンク著、平野卿子訳／集英社、一九九八年。映画も同名で、監督カロリーヌ・リンク。

ニンプ・サンプ・ハハハの日々

大橋由香子著／社会評論社、一九九五年

大橋由香子さま

お返事が遅くなりました。

あのころいつも考えていたのは、介助を受ける側である私には、介助を必要としているという明白な理由があるけれど、無償で介助を提供する側には、私のところへ介助にくるどんな理由があるかということでした。介助を必要としているという理由だけで、他者である健常者の時間を提供してもらうことにどんな正当性があるのかということでした。もちろん介護をめぐる障害者運動のロジックは知っていました。「介護は障害者の生命線、介護を放棄するのは、障害者を殺すに等しい。」なにもないところから、自分の存在を押しだし、突きつけて、介助態勢をつくってきた先駆者たちの気迫や論理に、十分敬意は払います。けれどもそうした「障害者運動」に身を置いたこともなく、地方の街でわずかばかりの友人たちとのつきあいをのぞけば、ほとんど孤立していたといっていい私には、とても使いこなせるロジックではなかった。

東京に出てきて、翻訳学校に通うための介助をお願いするときのほうが、よほどすっきりしていた。このちがいはなにかと考えたとき、こっちのほうが頼むほうにとっても、頼まれるほうにとっても、目的が限定的で、介助の中身が見えやすいということだったのかもしれません。そして、その目的も具体的な希望というところから、こちらも説明しやすいし、聞くほうにとってもその希望は、ある程度、想像力の及ぶ範囲内にあったからではないかと思います。「なんのために」「なにをして」ほしいと言われているのか理解しやすい。

しかし、子育てをしている私の生活のなかに入ってきて、子育てをする私を介助してほしい、というのは、目的も介助の中身も見えにくい。つまり「私的生活」というか「家庭生活」というか、そういうものは、それ自体が目的というより、生きるためになにかをするための「基地」あるいは「再生産の場」のようなものです。そしてそれはこれまで、歴史的に閉じられた私的な空間でした。そこを開いてゆくことが、生活すること自体が闘いだ、としてきたのが、日本の「障害者解放運動」でした。それはわかっていた。でもそれだけではなにかが足りない、対等な関係を結ぶにはなにかが足りない。でもそれがなんなのかつかめない、そんなもどかしさがありました。

当時、こうした介護者あるいは介助者は字義通りボランティアでした。ボランティアというのは、「自発的にやる」ことであり、無償ですから、要請を受けて「自発的に」介助に来る理由がそれぞれにあったはずなのです。ただ当然のことながら、その理由づけの強度や方向性は、人によって異なるし、時間の経過によっても変わってきます。そうなると最低線の双方の合意は、時間の許す範囲で、できるだけ無理のないところで、ということになります。でも無理のないところで、というのも主観的な問題です。その人が無理だと思えば無理なのです。ときどき、「ごめん、今日は行けなくなっちゃった」と言われれば、それまでです。体調が悪いときも、急に用事ができることもあるのですから。

なにかが足りないと思っていた私には、ボランティアである介助者を拘束することができませんでした。ボランティアというのはあくまでも当人の自発性にかかっているのですから、始めるのも、やめるのも自由です。ここら辺が「運動」側から見れば「甘い」と写るところでしょうが、私自身の論理からいくと、どうしてもここにたどり着いてしまうのでした。

でも、子育ての日常には、というより障害をもつ個人の日常には、「待った」が利かないことがあるのも事実です。そのことをきちんと伝えればいい、と頭ではわかっていても、私のごくごく私的な子育ての次元に、障害者運動のロジックを使わずに、ヒロイックにもならずに、相手に自分の必要を伝えるというのは、けっこうしんどいものがありました（少なくとも、あのころの私にとっては）。「言ってもらわなくちゃわからない」と言われたこともあります。この「言ってもらわなくちゃわからない」という言い方にも、それはそうね、と頷きつつ、「見ていて、わからない？」と、がっくりきていました。

介助という仕事の中味自体は、はっきり言って、いわゆる家事を含む日常の雑事です。私たちが子育ての時期に共通して感じていた苛立ちの根っこは、子育てを含む日常の雑事の「管理」一切を委ねられることの負担だったと思います。介助というのは、まさにそこに係わることになります。日常の雑事の管理は介助を受ける側が、その行為自体は介助を提供する側がやるという図式になります。そして、言うまでもなく、その日常はあくまでも介助を受ける側の日常であって、そこに係わる介助者の日常ではない。だから、「なんで私がこんなことしなくちゃいけないの？」という、そこはかとない理不尽さを感じても、当然といえば当然ではないでしょうか。そこのところを切り返す論理を組み立て、実行するには、あのころの私は余裕がなさすぎた。それなら、いまならできるかと言われても、あまり自信はありません。

このような日常の生活管理は、当事者がその行為も含めて、やるのがあたりまえ、というのが、これまでの社会の常識です。言ってみれば、介助を入れた生活そのものが、常識はずれなのです。だから、みんな、大変でも一人でがんばって、そこに他者を巻きこむことに、想像が及ばないのではないでしょうか（自分の両親とか姉妹は別でしょうが）。

いまから思えば、きっと私もこの常識にどこかで縛られていて、人を巻きこむことにエネルギーを使うよりも、「いまある関係」のなかで、自分でなんとかがんばろうとした、というのが、あのころの本当のところでしょう。するとどうなるか？　ときとして、パートナーも含めて、私の「いまある関係」を支えている人たちに負担がかかる、それこそ私の母親が母親であるがゆえに、私を抱えこんだと似た状況、単数と複数の違いはあるけれど、つまりは私が否定した状況に自ら落ちこむ危険性を孕んでいたのです。そういう意味で、「正しい選択とは言い切れなかった」のです。

ここまでは、介助を介在させた人間関係を相互関係で創りたいと思ってきた私の悪戦苦闘の一端です。それなら、仕事として介助に来る人との関係はどうだったか？　たとえば、行政が派遣するヘルパーさんとのこれまでのつきあいを考えてみると、本当にいろんな人がいました。その人がヘルパーという仕事をどう捉えているかで、仕事ぶりがまったく違っていました。したがってこちらも対応を変えるしかありません。でも変えると言っても限界があります。自分の要求を通すことの難しさを、身にしみて感じたこともあります。

いま私のところへ来てくれているヘルパーさんは、とてもいい人です。五年ほどのブランクを経て、また私のところへ来てくれるようになった人です。彼女は私の子育ての時期を一緒にくぐり抜けてくれた人です。彼女との最初のつきあいは、子どもが生まれるとほぼ同時に始まりましたから。それから五年、週に三回、六時間、正月三が日をのぞいて、欠かさず来てくれました。それと何人かの私的な介助者で、そのころの我が家の日常は維持されていたわけです。

子育てにかんしては、彼女の功績、大でした。きっちりと同じ曜日の同じ時間に、決まった時間だけ、いてくれる。それがどれだけ力になったか知れません。あなたの言う「穴あき箱」のように、日常の風通しをよくしてくれた最大の貢献者です。子どももなついて、帰る時間になると、泣いて後を追ったものです。自転車で来られる距離に住んでいたので、子どもが、歩きはじめたばかりで、炊飯器をひっくり返して火傷をしたときも、自転車で飛んできてくれました。

彼女のいいところは、骨惜しみしないところです。そして、できれば楽しく仕事をしたいと思っているところです。仕事を楽しくできるかどうかは、相手との関係次第です。いままで何人かのヘルパーさんとつきあってみて、わかったことですが、彼女は「人の役に立つ」のが好きなのではないかと思います。それが自己満足ではなく、相手を少しでも楽にしてあげたいという気持ちからでているのがわかります。

結局、この仕事は、女であるヘルパーさんにとって、うちへ帰れば、また同じことをしなければならないわけですから、仕事の内容それ自体というより、自分がそこにいて、その仕事をすることに、意味を見つけられるかどうかだろう、と思います。つまり、その仕事を自分も評価できて、その仕事をしてもらう側にも評価される、きっとそれが彼女の言う「楽しく仕事をしたい」ということではないかと思います。

これまで、ヘルパーさんとのつきあいや、まったくのボランティアから、有給の介助者まで、介助を介在させたつきあいのなかで感じてきたことは、結局この介助という仕事は「仕事」として成立させたほうがいい、ということです。人間関係だけで介助者を募るのは、もともと無理がある、というか、その人が「えらく個性的で面白い人」でもないかぎりむずかしいということのようです。八〇年代半ば、アメリカから入ってきた自立生活運動が日本で広がりを見せたのもそこに起因しているような気がします。

介助する時間にたいして、きちんとペイできる。そして、その上で、介助をどう捉えるか、その捉え方が受ける側と提供する側、双方にとって気持ちのいいものかどうかで、つきあいの質が、したがって仕事の質が決まってくるようです。言ってみれば、最終的に行き着くところは、「相互の人間関係」と、それを可能にする条件づくりができるかどうかだというのが、いまのところの結論です。

この前のお手紙で、パラリンピックをどう見てるかというようなことも書いてありましたね。少し話題が古くなってしまいましたが、一つだけ、いまでも鮮明に記憶していることを書きます。あるとき「ニュースステーション」で、スウェーデンから取材に来ていた障害をもつ記者が、「車椅子も眼鏡と同じだ」と発言したとして、キャスターがエラく感心して、我々も発想を変えなきゃいかんですね、というようなことを言っていました。でも、そこで感心されちゃ困る、と思いました。ノーマライゼーションの進んだ北欧ならともかく、少なくとも日本では、車椅子と眼鏡は、まったく別の次元にある。眼鏡をかけていても、目に見えて社会的な不利益は被らないけれども、車椅子を使っていると、目に見えて社会的不利益を被る、これは決定的な違いだと。

もう一つ、パラリンピックというと、「障害を持ってる人が、がんばってる」というニュアンスが拭えなくて、どうもしっくりこない。メダルを取った人たちは、個人として精一杯、努力をした、そのこと自体をけなす気はまったくないのです。それどころか、そのこと自体に、賞賛は惜しみません。ただ、彼、彼女のがんばりを、「障害者のがんばり」と読み替えられることの怖さだけは、心に留めています。オリンピックでメダルを取った人は、あくまでもその人の努力であって、「健常者の努力」とは誰も考えないはずですから。
今日はこの辺で、また書きます。

一九九八年四月十四日

青海恵子

青海恵子さま ● ● ● ● ●

「介護」や「介助」について私が書くのは、すごくむずかしい。そのことを恵子さんの手紙を何回も読み返しながら、改めて感じました。

私にとって、「介助される」経験は、ごく小さいころの病気のとき、食べものを口に入れてもらったときの記憶は、かすかにあるような、ないような……。あとは、ずっと年月が経過して、お産で入院したときくらいです。

赤ん坊を産んだあと、自分で歩けないので、分娩室から寝る部屋へ抱えて運んでもらいました（小さな助産院だったので車椅子がなかったのでしょう）。入院中、最初は導尿されたり、「悪露《おろ》交換」で消毒してもらったりしました。生まれる前の陣痛がひどい間も、口の中に食べものを入れてもらった気がします。汗をふいたり腰をさすってもらったりも「介助」に入るかな。ふだんはしてもらわないことですものね。

「介助する」側なら、母方・父方それぞれの祖母の介護を、少しだけ手伝ったことがありました。

まず、母方の祖母。私の母の生まれ故郷・福島にいる祖母が、病気で入院したときに「付き添いさん」が必要になりました。祖母と同居していた叔父（母の弟）夫婦は、共働きで、子どもも小さかったので、病院に寝泊りしてくれる「付き添いさん」を雇うことになったのです（あのころは、家族か、誰か付き添う人がいないと入院できないみたいでした）。そこで、子どものころから夏休みや冬休みに田舎に遊びにいっていた私が、「付き添いさん」をすることになったのです。大学生になったばかりの時でした。

大部屋は、ほとんど、おばあさんばかり。ほかの「付き添いさん」は患者さんより少しだけ若いとはいえ、けっこう年配のおばさんばかり。食事を運んできて食べさせたり、トイレの手助けをしたり、シーツ交換のとき看護婦さんの手伝いをしたり、話し相手をしたり。洗濯物を洗って屋上に干している人もいました。

泊まりの「付き添いさん」は、ベッドの横の床に直接、布団を敷いて寝ます。私の場合も、夜中のトイレ介助が大事な仕事だったので、祖母のベッドの横下に寝ることになります。

祖母は、最初、私が付き添うのに反対で、「ゆかこじゃ無理だべ」と言ったそうです。祖母から見た孫の私は、小さいころからチョロチョロしているおてんば娘でしたから、頼りになるはずがないと不安だったのでしょう。

でも、あとで「夜中に名前さ呼ぶと、ちゃあんと目え覚ますから、ゆかこもたいしたもんだ」と誉めてくれました。

大部屋のおばあちゃんたちは、けっこう元気（？）な人が多く、ヨメの悪口、お医者さんの品定め、自分たちが若かった昔の思い出話、そしてちょっと色っぽい話題で盛り上がっていました。ヨメの悪口は、聞いていてあまり気持ちよくないし、あとでその当人が病室に来た時など、なんだか気まずい感じもしましたが、大っぴらに悪口を言うおばあちゃんだと、逆に爽快さがありました。ところどころ、わからない東北弁は、祖母が「通訳」してくれます。

夏だったせいか、寝巻きの上半身を脱いで、巨大な文字通りの「垂乳根」を「どっこいしょ」と肩にかけんばかりのおばあちゃんがいて、みんなで大笑い。一方で、「付き添いさん」同士の人間関係のむずかしさ、年老いてモウロクした夫をずっと介護しているおばあさんの夫婦劇などを垣間見て、東京の大学生には新鮮な世界でした。

このときは、期限つきの短い期間だったこと、しかも「どうせ付き添いさんに払うんだから」とバイト代ももらったこと、生活の場から離れた旅行気分だったことが重なって、「つらい」「大変だ」とはあまり感じませんでした。「ゆかちゃんが来てくれて助かったわ」（本当はどうだったかわかりませんが）と叔母や叔父が言ってくれて、素直にうれしかったです。

今にして思えば、ヨメが付き添いするのが当然という周囲の雰囲気だったろうに、共働きでそれができない叔母は、大変だったのかもしれません。でも、祖父（祖母のムコさん）が長い間、寝たきりで、その介護もしながら仕事を続けていたので、叔父も祖母も、共働きに理解があったのでしょう。

一方で、父方の祖母の「介護」は、そんなに楽しいものではなかったという記憶があります（もっとも、介護の主力はあくまでも私の母親でしたが……）。

田舎での母方祖母の「付き添いさん」経験にくらべると、私がもっと若いころだったし、自宅だから期間限定のバイトじゃない日常だったし、途中から祖母に痴呆の症状も出てきたので物理的に大変だったし……など、いろんな要因が考えられますが、それまでの関わりが影響しているのかもしれません。

母方は、祖母もその母もムコ養子をもらった母系家族で、いつも誰かが遊びに来ている、大らかな家でした。祖母には、きれいな石の磨き方（鼻の油をチョイとつけて……と唄いながら）や、浴衣の縫い方を教えてもらったり、昔の月経帯の話をきいたりしたものです。

それと対照的に、父方の家族は、祖父が軍人で厳格な人だったせいか、子ども心に緊張したのを覚えています。とはいえ、父方の祖母が私に意地悪をしたとか、私が祖母のことを嫌いだったというわけではありません。ただ、私の母との関係、つまり「嫁姑」という古典的テーマが反映されていたんだなと、今からふりかえると、そう思います。

私が小さいころから母に聞かされてきた、姑のひどい仕打ちの数々は、たしかにかなりハードな「おしん」的な世界でした。それが私のなかにインプットされていたのか、ときどき、祖母に対して、やさしくなれない自分を発見し、その醜い気持ちをおぞましく感じました。

ずっと同居していたのではなく、途中からいっしょに住むようになったので、なかなか馴染めなかった面もあるでしょう。

そう考えると、肉親の介助のむずかしさは、それまで生きてきた、いろんな感情が無意識のうちにも影響するところにあるのでしょうね。それから、お金が介在するかどうか、非日常の場かどうかなどで、介助する人の気持ちもずいぶん変わるのだと思います（介助を受ける人の気持ちも、変わってくるのでしょう）。

それでも、父方の祖母が、昼間でかける「老人の家」で意地悪されたり、徘徊して遠くの交番から電話がきて迎えに行ったりということをしているうちに、母の感情にも変化が出てきたようでした。ヘルパーを頼むなど考えられなかった当時、「ぼけ老人を抱える家族の会」みたいな会に相談したこともあったようです。同じ苦労を経験している人同士にしかわからない悩み、具体的な工夫など、助けられたのかもしれません。

そんなこんなを思い出してみて、やっと恵子さんが、「介助体制のほころびを繕わず自力でなんとかしようとする」ことを懸命に避けようとした気持ちの一端がわかった気がします。

でも、介護保険もない当時、世間で流布されている「常識」は反対でした。

老人は家族と同居したほうが幸せ、介助は家族がしたほうがいいに決まっている（家族＝嫁か娘ですが）、赤ん坊は親が育てるのが一番（親＝母親ですが）、そして、老人施設や保育園に預けるのは「かわいそう」という感覚がまだまだ強いですよね。

たしかに、利用者の人権を軽視するひどい施設もあるだろうし、大規模な場だと、どうしてもふだん住んでいる暮らしの空間と違う、落ち着かなさがつきまといますが、だからといって、家族内で家族が抱え込むことが無条件に「しあわせ」とは限らない。追い詰められれば、介護する人にもされる人にも心地よい日常にはならないと思います。

障害をもつ人の場合は、どうなるのでしょうか？

家族が面倒をみることの限界から、施設という存在が出てきたのでしょうか。それは主に介助する親の側の視点でしょうか。でも、場面によっては、家族より施設のほうが（人権が大切にされる施設ならば）いい面もありますか。家族でも施設でもない第三の道である「自立生活」を求めてきたのが、障害者解放運動の流れのように私には見えますが……。

ところで、父方の祖母に対して「やさしくなれない」醜い自分に、私はその後、再会しています。

自分が赤ん坊を生んだあとです。正確にいうと、子どもに対して抱いた感情に自分で驚き、「あれ？　前もこんなふうに感じたことがあったな」と思い出したのが、父方の祖母への感情だったのです。

前回の恵子さんの手紙でヘルパーさんを称した「骨惜しみしない」という言葉、実は私にはチクリと痛い表現です。介助的な、あるいは世話的・ケア的な仕事に向いていない自分、骨惜しみしちゃう自分を自覚しているのです。ある意味でコンプレックスでもあります。

要領よくテキパキと、さりげなく人のために働き、よく気がつく……イメージとしては白衣の天使＝看護婦さんや、やさしい保母さん……そういうことが、あまり得意ではないのです（天使じゃない看護婦さん、やさしくない保母さんも存在しますが）。別の場面、シチュエーションでなら、骨惜しみしない人になれる自信が（少しは）あるんですけどね。

だから、子どもが生まれて「醜い自分」に再会したときも、ああ、私はやっぱり「母親業」や人をケアすること、生き物や植物を育てることが苦手なんだな、と自己嫌悪になり自信喪失したものです。

十年前のちょうど今ごろ、私は上の子を妊娠していました。

赤ん坊が生まれると自分ひとりで動き回ることが、どれほどむずかしいのか、妊娠中はほとんどわからないままでいました。

その後、身ふたつになると「身動きとれない」状況に悶え苦しみ、「ひとりで外に出たい」と思いながら、一方では、赤ん坊という不思議な生き物と、なるべく一緒にいたい、とも感じていました。矛盾していますが、私はどちらか一方にとりあえずは落ち着いてみるということができなかった。だから悶絶していたわけです。そもそもどちらかに落ち着けるものだろうか、という疑問もあります。

そして今、私が感じるのは、子どもを育てるという営みを（昔を思い出せば老人の介護も）、ひとつの家族に閉じ込めてはいけない、ましてや母親（や嫁、娘）ひとりに背負わせては、とんでもないことになる、という当たり前のことです（十年かかってやっと気づいたにしては、当然なことすぎて面白くないですね）。

もちろん、どんな親だって、自分ひとりで子どもを育てられるわけはない、とわかっています。でも、じゃあ具体的にどうやって、いろんな人の手を借りたり、助けたり、支え合えるのかというと、むずかしいものがあります。

一九七〇年代的なコミューンとか共同生活に一気に飛ぶのではなく、ひとつひとつの「家族」というか「個人の暮らし方」はあったうえで、手を出し合ったり助け合ったりというイメージです。

「家族」というのは、女・男のカップルとか「夫婦と子ども」をさすのではなく、ひとり家族もあれば、夫婦ではない共同生活もあれば、異性愛とも限らない。つまり、「自分の心地よい暮らし方」をひとつの基本としてもったうえでの支え合い、ということです。

考えてみれば、地域社会が崩壊したとか、地域の教育力が低下したなどと言われるなかでも、みんな試行錯誤しながら、そういう支え合いを築きつつあるのかもしれないな、と楽観的に思うときもあります。グループホーム、スペースづくり、子育てサークル、フリースクールなど、高齢者、障害者、大人、子どもと「分野」は違っても共通している。

今の私で言うと、それは保育園や学童保育を中心に、子どもの友だちを介して出会った人たちとの関係かな、と感じています。〝うちの子〟という意識だけに凝り固まってしまわず、〝うちの子〟が一番かわいいけれど、でも、つきあっていくうちに、よその子もかわいくなって、〝子どもたち〟を見守れるようなオトナになりたいものだ、などと最近マジで思うのです。

そういう心境になったのは、私の場合は子どもを産んで、子どもが大きくなるにつれてだったけど、違うプロセス、ほかの体験を通じて、そう感じる人もいるでしょう。不妊の自助グループ〔当事者同士で悩みを共有したり助け合う集まり〕で活動する子どものいないIさんが、近所の児童館でのボランティア活動について、楽しそうに話していたのを思い出します。

最後にまた質問です。前回の恵子さんの手紙にあった「私のごくごく私的な子育てという次元」という言葉の「私的」に、「どうして?」という疑問符が浮かびました。実際には定期的にヘルパーさんやボランティアの人が来て生活をしているからこそ、逆に出てきた言葉なのかな? あるいは、私が今書いた、お互いに手を貸しあう前提としての「個人の暮らし方」みたいな、他者に侵されたくないプライベートな部分のことかな? でも、ちょっとわからない。

子育てを含めた日常の雑事を圧倒的に女が負っている、その現状を変えたいときに、「私的な次元」と言ってしまうと、何か失うものがあると過剰に反応してしまうのかもしれません。

主婦労働、あるいは家事労働が「私的な次元」のことだったら、「家事労働に賃金を!」〔マリアローザ・ダラ・コスタ〕という要求は出てこないと思うのです。と同時に、さっき書いた「支え合い」とは別の意味での「公的」

なものが、ひとりひとりの大切なものを押さえ込んだり抑圧するときには、「私的なもの」が抵抗の基盤になることもあるでしょう。

　そういうのは、「私」ではなく「個」と呼ぶほうがいいのかもしれませんが、恵子さんが「私的な次元」と言うなかにも、両面をふくみこんでいるように感じました。


　きのうまで大量の仕事に追われていて、半徹夜状態が一週間くらい続いたのですが、やっと、きのう終わりました。それで、そういうとき、私はごほうびとして映画か展覧会を観ることにしていて、きのうは映画「パーフェクトサークル」を観ました。

　ボスニアの内戦を扱った映画ですが、ああいう非常事態にならないと、人間はお互いに助け合い、支え合うことができないのかもしれません。

　この国でも最近では、阪神淡路大震災のときが——私はほんの一部のことを間接的にしか知りませんが——そうだったというのを思い出します。でも、非常事態が起きることによって、憎みあい、裏切り、殺しあうという側面もあるわけですが……。

　とりあえず、きょうはここで終わります。

一九九八年五月三十一日　　　大橋由香子

パーフェクトサークル

アデミル・ケノヴィッチ監督・ボスニア・フランス合作映画／一九九七年。字幕翻訳・日笠千晶、原語翻訳・高橋ブランカ

家事労働に賃金を

マリアローザ・ダラ・コスタ著、伊田久美子・伊藤公雄訳／一九八六年、インパクト出版会

大橋由香子さま

梅雨入りして、どんよりとした日がつづきます。そして、今日も雨。お手紙を受け取りました。「私のごくごく私的な子育ての次元」というフレーズに、由香子さんはひっかかっているようですね。とりいそぎ、そのことにお返事を書きます。

このフレーズには「　」をつけるべきでした。このように書いたのは、私がそう思っている、あるいは、思っていたというより、当時、そう思わざるをえない場面が多々あって、そう感じさせられていた、というのが、正確なところです。そして由香子さんが引っかかる理由もよくわかります。

この時期の私は、少し被害妄想的だったのかもしれません。仕事として家に来ていたヘルパーさんとの場合は別として、ちょっとした場面や言葉のやりとりで私が感じ取っていた無言のメッセージは、「男と暮らすことを選んだのも、子どもを産むことを選んだのも、〝あなた〟であって、〝わたし〟ではない」ということなのですから。

私自身も、由香子さんが書いていたように「ひとつひとつの〝家族〟というか、〝個人の暮らし方〟はあったうえで、手を出し合ったり助け合ったり」というなかに、自分の生活、子育てを据えられたら、とどれほど思ったことか。けれどいまになってわかるのは、それをするには、それなりの条件が必要だったということです。

産むか産まないか、さんざん迷った末に産むことを決めたとき、「あなたが子どもを産むんなら、私も産もう！　いっしょに子育てしよう」と言った人がいました。親しかった友人の一人です。でも実際には、お互いに子どもを産んでからは、なかなか会う機会もないままにずいぶんと時間が流れました。あのころ、つらくなると、かの友人に心のなかで「いっしょに子育てしようと言ったじゃないか」と、繰り言のようにつぶやいていたものです。でも、ほんとうにいっしょに子育てしようと思ったら、お互いにある程度の条件づくりをする気がなければ、できないことだったな、といま思います。それぞれがさまざまな事情や条件や想いのなかで、けっきよくは物理的な接点を見つけられないままに子育てしているのが現実でしたから。

どのような条件があれば「手を出し合ったり助け合ったり」できるのか。いずれにしても、このような関係は双方向的なものだから、双方がそう思ってはじめて成立するのだと思います。この条件を考える糸口は、あなたが「支えあいを築」く相手を、「保育園や学童保育を中心に、子どもの友だちを介して出会った人たち」に見ているところにありそうです。私も子どもが大きくなって小学校に上がるようになってから、何人かのお母さんと、夜、子どもを預け合うことができましたから。

そこにはどんな条件があったかと考えてみると、最低限、歩いて数分の近さに住んでいるということがあります。それから子どもの学校が同じだということ、ある程度、日常的に顔を合わせていること、などがあると思います。

当時、私のところに来ていた人たちと、どうしたら「手を出し合ったり助け合ったり」する関係になれるのかとずいぶん考えてはみましたが、なかなか双方向的な関係になれなかった。それは年齢的なちがい、生きている場のちがいが大きかったと思います。その時点では、どういう関係を結べば私の側からも手を出したり助けたりができるのか、思いつけなかった。相手がそのような関係を必要としているようにも見えなかった。あるいは、私にその余裕がないから、そう思えたのかもしれませんが。そして私の思いがだんだん屈折していったことは確かです。

いま私はアメリカの詩人でエッセイストのナンシー・メアーズの **Waist-High in the World**（車椅子の高さで）（43頁コラム）というエッセイ集を訳しています。彼女は二九歳の時に多発性硬化症と診断され、以来、少しずつ病気が進行して、これらのエッセイを書いた五〇代前半の頃には、日常の多くの場面で介助を必要とするようになっています。介助、彼女の言う世話をする・されるということにかんして、こんなふうに言っています。

「私は自分の感覚にそれほど反しない状態で自分の身体を他人にあずけることを自分にしつけなければならない。これを好きになる必要はない。だれも好きなはずはない。ただ私はそうするしかないだけだ。／でもやるなら、私自身と私を支えている人たちみんなの人生をみじめにしないために、少し優雅にやったほうがいい。」

当時の私はきっと「優雅に」できなかったのですね。このエッセイを訳しながら、私は自分のことと重ね合わせて、いろんなことを考えさせられています。そんなこんなはまたそのうちにゆっくりと。

一九九八年六月十日　　青海恵子

車椅子の高さで

ナンシー・メアーズ著　青海恵子訳　晶文社、一九九九年刊

原題は"Waist-High in the World　A Life Among the Nondisabled"（Beacon Press,1996）。車椅子にすわっているときの視線の高さは、ちょうど立っている大人のウエストの高さ。ここに収められた十編のエッセイはこの高さから見た世界です。前半では身体的な状況をめぐる日常が、後半では立って歩く者たちだけを想定して構築されてきた世界にウエストの高さで出ていくことが語られます。

著者のメアーズは二九歳のときに多発性硬化症と診断されます。進行性の中枢神経系の病気で、彼女の場合はおもに運動神経系に損傷がでました。最初は杖を、つぎに杖と補装具を、そして電動スクーターから電動車椅子を使うようになります。

この本は、障害をもたずに生きた二九年と、障害をもって生きてきたそれからの年月を相対化することで、障害をもって生きる人生が障害をもたない人生と、「どのように同質でどのように異質」なのかを解き明かそうとしています。それは「仮の人生」としか思えなかった障害をもってからの人生を、どうやって「本物の人生」に組みかえてきたかの物語でもあります。　（S）

記憶のキャッチボール

第２章　1999.1～2002.10

青海恵子さま

なんと、前回の手紙から、半年以上も経ってしまいました。「梅雨入りして、どんよりとした日」のあと、夏がきて、台風が猛威をふるい、行事がたくさんの秋もすぎて、この冬は風邪が大はやり。直接の知人ではないけれど、知り合いの、そのまた友だちや親戚が、風邪から肺炎になって亡くなった、という悲しい話題が続いた新年でした。

きょうは、この半年のことを、お互いに話してみたい気がします。

恵子さんはきっと、フットルース〔59頁コラム〕の交換プログラム・日米の障害者の国際交流でテンテコマイ、だったと思います。いろんなイベントのうち、私が参加できたのは、荒馬座の和太鼓ワークショップでした。あの日は私の三十代最後の誕生日で、自分へのプレゼントとして予約したのです。

ワークショップは、最初のスタートから、風景そのものがものすごく象徴的でした。アメリカ合州国からの参加者と、日本からの参加者、そして荒馬座スタッフとのあいだの日本語―英語の通訳者は、目が見えない日本人女性です。彼女が荒馬座スタッフの和太鼓や踊りの説明を流暢な英語に訳し、アメリカからの参加者のユーモアあふれるスピーチを、的確に日本語に通訳する。彼女が通訳した英語を、今度はアメリカからの参加者が、ろうあの人に手話通訳する。時々、「ここを」とか「あの人を」と指示代名詞や動作で説明したりすると、目で確かめられない彼女は英語に訳せなくて、すると話してる人もそれに気づいて、言い直す。それも、時間が経つにつれて、じょじょに慣れて、ちょっとした配慮でスムーズにいく。

午前中、荒馬座のいろんな踊りと太鼓を、間近に見て、聞いて、感じて、午後には参加者が太鼓をたたいてみる。いろんな人が組になって、ひとつの太鼓をかわるがわるリズムにのって叩く。太鼓の響きは、お腹にズシンときて、通訳の彼女の足元でじっとしていた盲導犬も、一度だけ「何だ、この大きな音は?」というかんじで頭をあげていました。アメリカから参加した、ろうあの人も「太鼓の響きは感じる」と言ってました（と手話通訳者が英語で言って、それを日本語に訳してもらって聞いたのですが）。

「いろんな人」というのには、障害とか国籍とか性別とか年齢とか、はたまた、音感とか運動神経とか手の強さとかの違いもあれば、引っ込み思案な人、雄弁で堂々とスピーチする人、お茶やお菓子を振る舞う人、ちゃっかりもらってばかりの人などなど、ほんとにいろんな次元でいろんな人がいるもんだ、と実感できました。ありきたりの表現かもしれませんが、「みんなちがって、みんないい」という金子みすゞの言葉がぴったりの空間、すてきな誕生日プレゼントでした。準備してくれて、ありがとう。

さて、去年の十二月に、私は仕事で、久しぶりに大阪に行きました。大阪に行くなら、ついでに京都でぜひインタビューしたいと思う人がいて、幸い先方も都合をつけてくれて、お会いすることができました。翻訳家の横山貞子さんです（「翻訳の世界」（バベル・プレス）一九九九年四月号「素顔の翻訳家」参照）。

横山さんの翻訳した本、読んだことありますか？ ディネーセンの訳者として知られている方ですが、私はデメトラコポウロス『からだの声に耳をすますと』（思想の科学社）やオコナー『善人はなかなかいない』（筑摩書房）が好きです。私は彼女の名前を『日用品としての芸術』（51頁）の著者としてずっと記憶していて、翻訳関連の雑誌で働くようになってから、翻訳家でもある横山さんに話を聞きたいな、と思っていた。でも京都だから無理だな、とあきらめていたのです。だって、その雑誌で働き始めてからは、こぶつき状態だったので、関西に出張なんて無理、と最初から決めつけていたのです。

インタビューすることになって、あらためて彼女の書いたものを読んでいたら、同時に気になっていた恵子さんへの手紙のことと重なって、興味深い記述にめぐり合いました。

『日用品としての芸術』の最終章「女の仕事から男の仕事へ」から、少し、ご紹介しますね。

> これまでの社会の役割分担によって、赤ん坊や子供や老人や、生きるために人の助けを借りなければならない人たちの世話を女がになってきた結果、女のほうがこのすぐれて人間的な能力を発揮する機会が多かった。しかも、こうした仕事のほうが社会的におとしめられているのは、どこかおかしいのではないだろうか。
> （一九〇頁）

ここで彼女が言う「人間的な能力」は「世話をする能力」とも表現され、例として、看護婦が入院中の老人にかける心くばりをあげています。

男と女の仕事を分けて考えることでいろいろな不都合が起こっている。……女が家でになってきた生命の維持と再生産にかかわる仕事の大切さを、逆に外の仕事のとらえかたに還流してゆく方向を、どうしたらつくり出すことができるか。（一九一頁）

金になる仕事だけが人間の仕事ではない。私が民芸によって学んだことから言えば、人によく仕えるものがすぐれたものなので、これはそのまま、仕事についてもあてはめることができる。人によく仕える仕事こそがよい仕事なのだと。この『人』とは、他者に限らず、自分をもふくむ。報酬がすくなくても、あるいはまったく無くても、自分がおもしろいと思うこと、やりがいがあると思うことなら、そのほうをとるという仕事のえらびかたがある。

このように「仕事」の意味を広げたうえで、次のように結んでいます。

人間が生きてゆくための、金にならない仕事の重さと意味を、男と女の双方からわかりあうためには、まず家庭をひとつの公の場としてとらえること、そして、その小さな公の場でも、外の社会としての公の場でも、男女が共に働く機会をふやしてゆくことに、私は使う人の立場とつくる人の立場との交流を見たいと思う。（二〇九頁）

今では、けっこうよく見聞きする主張ですが、この本は一九七九年初版、二十年も前の本です。しかも女性学のテキストなどではなく、きゅうすや椅子、畳と床の違いなどについて「使う人の立場から」書かれた本のなかで読むせいか、なんだかとても新鮮に感じられました。

〈女と男〉という立場の違いだけでなく、〈障害者と健常者〉それぞれにとっての仕事、価値観というふうに応用して考えることもできる気がします。お金を稼ぐことが人間の価値だとも、育児より収入のある仕事のほうが大事だとも考えないけれど、でも、赤ん坊が生まれた前後、あなたも私も「仕事を続けられるかどうか」「仕事ができるようになるかどうか」が気がかりでした。あのときの焦りは、やっぱり〈女〉が、ていよく「社会」から排除されていくことへの危機感だったと思います。そして、〈障害者〉ということで、その「社会」から排除しようというメカニズムも働いているのでしょう。

もちろん、ここでいう「社会」は、実は排除したつもりの〈女〉や〈障害者〉たちが暮らす「社会」によって支えられているし、ふたつの「社会」は不可分の関係どころか、実はひとつの社会なわけです。

でも、もうひとつの「社会」の価値――さきほどの横山さんの表現を借りれば「生命の維持と再生産にかかわる仕事」を経験するなかで生まれる「人間的な能力」――の大切さを強調するのはいいのですが、だからこそ、そこにとどまり根をはってその価値を守っていこう、と微妙にズレてしまい、結果的に性別役割分業を強めるような主張もあります。専業主婦の立場を生かしての活動を賞賛する時などに使われる主張です。

去年亡くなった松田道雄さんの「主婦こそ解放された人間像[*]」や、加納実紀代さんが八五年に放った変化球「社縁社会からの総撤退を[**]」などにも共通しているでしょう。

でも、「世話をする能力」は、やはり横山さんも書いているように、男と女の仕事（そして男と女の領域）を分けていては、〈男〉たちは身につけることができないと思います。

このまえ、同じ団地の人と、生協で届いた品物を分けながらおしゃべりしていたときのことです。彼女のダンナは、お湯もわかせないので、何年か前に彼女が風邪でダウンしたとき、コンビニでおむすびとサンドイッチをどっさり買い込んで、朝も昼も夜もそれを食べたとか。ダンナはそれが苦にならないけれど、子どもは「あしたもコンビニのおむすび？　ママ、はやくなおって」と悲鳴をあげたそうです。

ところが、その話をする彼女の口調は、家事能力ゼロの困ったダンナの愚痴というよりも、どことなく満足げで、なぜか嬉しそうなのです。

横山貞子さんの別の本『老い、時のかさなり』〔51頁〕の一節を思い出してしまいました。

家族単位で暮らしていると、家のなかの片づけはだいたい、女の仕事になる。

だから、管理責任者の役をしている女が急病で入院したりすると、なにがどこにあるのかわからなくなる。住みなれたはずの我が家が、突然わけのわからない場所になってせまってくる。／ぜんぶを一人でのみこんで片づけ、『私がいないとなんにもわからないんだから』と言っているのは、一種の権力の行使になっているのかもしれない。やはりそれぞれが、自分でもわかるし、できるようになっておくほうがよさそうだ」（二六頁）

横山さんのご家族はどんなふうなのかしら、などと想像しながら読んだのですが、家族のなかでの風通し、家族と外の社会との風通しをよくすることの必要を痛感します。

でもこれは、よほど意識的にやらないと、日常のことだけに、いつのまにやら換気をしないままになり、空気が悪くなってしまいます。

年末に京都に出張してみて、こういう換気も必要だな、と思ったのです。だって、うちの場合、出張と言えば「とーちゃん」の専売特許で、月の半分は不在なのですから。それこそ出張中は、家の中のことは私の仕事になってしまう。でも、そうやってどんどん私がやってしまってはいけないし、それには意識して窓をあけなきゃ。

窓拭きはめったにしませんが、今年は窓あけにいそしむことにしましょう。

考えてみると、赤ちゃんが生まれた直後というのは、窓をあける気力もないし、あけたくない、むしろ閉めてしまいたい衝動も抱えている気がします。それでよけいに苦しくなるのだけど、その苦しさを指摘されると、つい防衛的になって、カーテンや窓どころか雨戸までしめたくなって……（でも、うちには雨戸がないのです）。

恵子さんのこの半年は、どんな様子でしたか。フットルースのこともふくめて聞かせてもらえるとうれしいな。

お返事お待ちしています。

一九九九年一月二十六日　　　大橋由香子

＊「主婦こそ解放された人間像」
松田道雄著『私は女性にしか期待しない』岩波新書、一九九〇年参照

＊＊「社縁社会からの総撤退を」
加納実紀代「社縁社会からの総撤退を」は最初、雑誌「新地平」一九八五年十一月号に掲載。加納実紀代著『まだフェミニズムがなかったころ』（インパクト出版会）のほか、『働く／働かない／フェミニズム』（青弓社）、『コメンタール戦後50年（6）労働・消費・社会運動』（社会評論社）で読むことができる。

日用品としての芸術
～使う人の立場から

横山貞子著／晶文社、一九七九年

老い、時のかさなり

横山貞子著／晶文社、一九八九年

大橋由香子さま

お手紙ありがとう。もう半年も経ってしまったんですね。あれからの半年は、あなたの言うとおり、フットルースの障害者国際交換プログラムの準備に追われ、その間にも進行中の翻訳を進め、来年（もう今年）の春の慶応大学の寄付講座で担当することになった「障害者のセクシュアリティ」のシラバス（概要）の骨組みを考え、何とか交換プログラムの前にシラバスを提出し、と、なんとも慌ただしい日々でした。そして交換プログラムも無事に終わってからは、遅れ気味の翻訳の仕事に再突入です。

さて、あなたが紹介してくれた横山貞子さんの文章、とても興味深く読みました。とくに、「人間が生きてゆくための、金にならない仕事の重さと意味を、男と女の双方からわかりあうためには、まず家庭をひとつの公の場としてとらえること、そして、その小さな公の場でも、外の社会としての公の場でも、男女が共に働く機会をふやしてゆくことに、私は使う人の立場とつくる人の立場との交流を見たいと思う。」（二〇九頁）という部分

家族のなかでの風通し、家族と外の社会との風通しをよくすることの必要を痛感します——

です。

私はこの本を読んではいないのですが、この「共に働く機会をふやしてゆく」という一言は、男女関係だけでなく、さまざまな違いをもった者たちが「双方からわかりあうため」の重要なキーワードだと思いました。由香子さんはこの前の交換プログラムでの和太鼓のワークショップのことを、「みんなちがって、みんないい」という金子みすゞの言葉にぴったりの場だったと書いてくれました。とてもうれしかった。

そういう場になったのは、障害のあるなし、障害の種別、男女の別なく、だれにとっても初めてのことを経験する場をともに創りだしたからではないかと思っています。障害のある者とない者が「共に働く機会を増やしてゆく」、私が九六年から始めた障害者国際交換プログラムの目標も実はそこにあったような気がします。

今回のプログラムは全体を通して、参加したみなさんにおおむね好評でした。障害者の生き難さ、障害者と健常者が真に「共に生きる」ことの難しさの根っこに、否定的な障害観があると考え、もっと肯定的な障害観を共有しようとして、「共に働く」ことができたからだろうと思っています。

この活動をはじめた直接のきっかけは、九四年に私が単身で三か月、アメリカのオレゴン州、ユージーンに滞在して、MIUSA（モビリティ・インターナショナルUSA）のインターン（実習生）をしたことです。九四年が開けたばかりのころ、ある人から突然の電話で、「今年の夏にオレゴン州のユージーンでヤングアダルト・リーダーシップ・プログラムというのがあるのですが、青海さん参加しませんか？」

と言う。なんのこっちゃ。さらに、

「参加資格は二十二歳から三十二歳までなのですが、青海さん、越えてます？」

「はい。」

「でもそれほどでもないでしょ？」

「いいえ、かなり。」

「そうですか。でもなんとかなるかもしれないから、とにかく資料を送ります。検討して下さい。」

「はい。」

こんなふうにして、私にとって貴重な経験となる機会が転がりこんできたのでした。

電話を切ってから、ユージーンってどこだと、地図をめくり、八月の四週間、家を空けることができるか、子どもは小学二年生で夏休み、でもアメリカだ、まがりなりにも翻訳を仕事とするなら、これは行かない手はない。しかも資料が送られてきて、プログラムも面白そう。というわけで年齢制限オーバーを承知で、まずは応募書類をそろえて送ってみたのでした。

それから一か月ほどして、書類を審査したＭＩＵＳＡのキャロルから、あなたは年齢オーバーだから、このプログラムの正式参加者にはできないが、エッセイがとても興味深かったのでインターンとして来ないか、という手紙が来ました。そしてインターンの期間は最低三か月だという。うーん、三か月かあ。少し迷った。でも行きたかった。とにかく彼にお伺いを立ててみることに。

「三か月なんて無理だよね?!」

彼は、うーんとうなって、それから、

「一か月も三か月も同じだよ。チャンスには違いないから、いいんじゃない。」

この一言にはいまでも感謝しています。

Challenge Yourself & Change the World（自らに挑んで世界を変えよう）をスローガンにするＭＩＵＳＡは、障害者の権利とリーダーシップをテーマに野外活動とセミナーを組み合わせたプログラムを、世界各国の障害者団体や障害のある個人、障害者問題に関わる人たちと行っています。そしてインターンとしての私の仕事は、月曜日から金曜日まで、ＭＩＵＳＡのオフィスに通い、リーダーシップ・プログラムをコーディネイトするキャロルの手伝いをすることでした。英語の読み書きには不自由しなくても、話すのはからきしだめな私は、いまから思えばあまり役に立ったとはいえません。でも私はそこでＭＩＵＳＡのスローガンを身をもって体験し、いまの私はそこにつながっているのだと思います。

ユージーンではアパートを借り、一日おきにシャワーの介助に来てくれる人を頼んでの一人暮らしでした。毎朝どこかに出かけて夕方あるいは夜に帰ってくるという、いわゆる「ふつう」の生活をはじめて経験しました。

ここでの暮らしは、靴を脱いで家に入る日本とちがって、生活のすべてが電動車椅子ひとつでまわっていきます。それは私にとって家と外がいつ

――うーん、三か月かあ。少し迷った。でも行きたかった。

でもつながっているということでした。手動から電動に乗り換える面倒がないから、気分で行動するという「自由」をはじめて体験したのでした。このことの快適さから、車椅子というのは椅子の文化から、家でも靴を脱がない習慣からこそ発想されたものだと実感したものです。

ユージーンでの暮らしは、電動車椅子の充電さえ怠らなければ、公共交通機関であるバスにはすべてリフトが付いているし、公共性の高い建物にはほぼすべてにスロープがついているしで、なんの滞りもなく流れていくのでした。そして道行く人たちの視線のなんと柔らかいこと。店のドアが重そうで開けるのをふっとためらっていると、通りすがりの人がさっと開けてくれる。「サンキュー」と言うと「シュアー」と笑顔で去ってゆく。この街は私にとって、息をするのがとても楽な街でした。そしてどうしてこの街はこんな街になれたのだろうと、それからずっと考えていました。

私がインターンとして参加することになったプログラムには、アジア、アフリカ、ヨーロッパ、南アメリカなどから障害のある二十数名が参加していました。セミナーでは一九九〇年に成立した障害者差別禁止法ADA(アメリカ障害者法)を、チャレンジコースなどの野外活動では障害の種別を越えた協力とリーダーシップを学ぶことが中心でした。スペイン語やフランス語、訛《なま》りのきつい英語が飛び交い、一日のスケジュールが終わると、議論の未消化やらなにやらでぐったりしました。

でも、札幌とほぼ同じ緯度のユージーンの夏はよく晴れて、なかなか日が暮れません。一日の仕事(?)を終えてアパートに帰り、一人の夕食をすませても外はまだ明るい。その明るさに誘われてよく散歩をしていました。その日一日のことや気になったあれこれを考えながら住宅街を散歩していると、立ち並ぶ平屋建ての家々からはときおりテレビの音がもれてきたり、庭で遊ぶ子どもたちの声が聞こえてきました。そしてふと、ここにいる自分が不思議な気がしました。暮れ残る淡い光のなかで、私は経験したことのない解放感のようなものに包まれていたのでした。この解放感はどこから来るのか。そして思ったのです。電動を走らせればいつでもこのまま一人で帰ることができる、という安心感?

あるとき、MIUSAの創設者で代表のスーザンがこんなことを言ったのです。「たとえば私たちが水泳を習いたいとします。それを実現するには、私たちも使えるプールがなくてはならない。私たちに水泳を教えるインストラクターもいなくてはならない。私たちがプールに行くためのバスもなくてはならない。そしてプールの料金を払えるように仕事もなくてはならない。」

彼女は十八歳のとき交通事故で脊椎を損傷し、以来、車椅子を使っています。そのとき、私のなかで未消化のまま、ばらばらに散らばっていたものが、真ん中に置かれた磁石に吸いつくように、ざざーっと寄り集まってきたのです。真ん中の磁石は「人が人として生きる」ということ。そこから考えたとき、あの不思議な解放感と障害者差別禁止法が一本の線でつながったのです。

私がこの街で電動車椅子を使って一人で暮らすことを保障しているのが、すべてにリフトの付いたバスであり、アクセスのいいアパートであり、障害者が日常の風景のなかにいるこの街のあり方であり、それらをひっくるめたすべてが障害者である私の権利だったのだと。そしてその権利を保障しているのが法律だったのだと。この街が電動車椅子を使う私にとって居心地のよい場所なのは、スーザンをはじめとしたこの街の障害者たちが自分たちの権利として勝ち取ってきた「人として生きる機会の平等」の上にいるからだと。

帰ってきてからの一年は、ユージーンと東京の落差についてひたすら考えていました。心のバリアフリーが先か物理的なバリアフリーが先か、なんてどうでもいい。心のバリアフリーが先か物理的なバリアフリーが先か、なんてどうでもいい。物理的なバリアが解消されなくては障害者は日常の風景に現れることはできない。日常の風景のなかに障害者がいないことには、心のバリアフリーもなにもあったもんじゃない。物理的なバリアをなくすことで心のバリアフリーもついてくるのだ。ユージーンの人々の障害者にたいする視線の柔らかさ、障害者に接する態度の自然さは、あの街のバリアの少なさと無縁ではないと。

鶏が先か卵が先かの議論よりも、実際にそういう街を見た方が早い。それならみんなでユージーンに行こう。行くだけじゃなく、東京にも来てもらおう。私たちの側からも発信するプログラムをつくろう。こうして始まったのがフットルースの障害者国際交換プログラムです。まだ歩きだしたばかりの活動です。

ユージーンを訪れることで、障害のある者とない者の新しい関係を思い描くきっかけがつかめたとすれば、そこからいっしょに一つのことを創りあげるのが、東京での交換プログラムです。毎日のプログラムをどう組むのか、どう進めるのか、宿泊先はどうするのか、移動はどうするのか、なによりもお金はどうするのか。ああでもない、こうでもないと準備を進める過程で、「共に働く」とはいっても、つい機動力のある健常者に仕事が集中したり、時間に追われて障害者が十分に係わりきれなかったりといったデコボコも生じます。でもそれを、いつも解決できるとはかぎらないけれども、解決しようとすることも新たな関係、つまりは対等な関係にむかう経験のひとつになるのかもしれません。

そしてこのような活動をするには、それなりの資金がいります。勢い助成金を申請することになりますが、はたと気がついてみると、どうも私たちの活動は「国際交流」の枠にも「福祉」の枠にもぴたりとははまらない。「国際交流」枠の助成は、いわゆる第三世界への貢献が主流です。「福祉」枠の助成は、目に見える成果、いわゆる生産に直結する成果を求められます。

障害があろうとなかろうと、人が人として「生きる」ということには、さまざまな要素があります。さまざまな場と機会が含まれてきます。そのさまざまな場と機会をできるだけ共有できるようにしたい、そのためにも障害のある者は自分の人生を積極的に選びとれるように、障害のない者は人の生きる条件の多様性を受け入れる視点がもてるように、そんな私たちの試みは、いまは彼らの考える「生産」には直結しません。

いまは、どのような「生産」に結びつくかはわからないけれども、「交換プログラムをつくる」という同じ目的を障害のある者とない者が共有して、それを実現してゆく経験を、双方が積み重ねているにすぎません。それがいつかどこかで、なんらかの形で「生産」に結びつくかもしれないし、結びつかないかもしれない。それはこのプログラムに参加した一人ひとりが、そこで何をつかむかによりますから。

もし「なにかをするための」確信がつかめたら、その人はそれに向かって歩き出すでしょう。歩き出す方向は同じとは限らない。それぞれに自分のつかんだものを携えて、胞子が散るように、それまで障害者とは係わりのなかった新たな土壌に散っていき、そこで新たな関係性を芽吹かせ、育てていければいい。そして障害のある者とない者の人生が重なり合う場を少しでも大きくできれば、それでいいと私は思っているのです。

ただもちろん、そこからこの活動を支える人たちが一人でも二人でも、出てきてくれることを願ってはいますが。今回のプログラムを用意したのはそんな人たちでしたから。

男女の場合と同じように、障害のある者とない者もまた、生きる領域を分けていては、「双方からわかりあう」ことはできないでしょう。

この前のお手紙でもう一つ考えたことがあります。一連の横山貞子さんの文章から、由香子さんはこんなふうに書いていました。「もうひとつの〈社会〉の価値——さきほどの横山さんの表現を借りれば〈生命の維持と再生産にかかわる仕事〉を経験するなかで生まれる〈人間的な能力〉——の大切さを強調する」あまり、「だからこそ、そこにとどまり根をはってその価値を守っていこう、と微妙にズレてしまい、結果的に性別役割分業を強めるような主張」も出てきますと。問題はなぜそこへ流れるかでしょう。

私が思ったのは、障害者と健常者の関係だけでなく、女と男の関係においても、対等な関係のモデルがない、というより対等な関係という、新たな関係のモデルを創ろうとしないからではないかということです。

由香子さんが紹介してくれた文脈で言うなら、「人間的な能力」あるいは「世話する能力」を、人間に普遍的な価値と認めて、性別に係わらず身につけるべき能力と捉えるまえに、その能力が、横山さんも言うように「おとしめられて」きたゆえに、まずはそれをひっくり返すために、男の側はその能力を自分とは無縁なところで持ち上げ、女の側はその能力を楯にして、女の価値を主張するからではないでしょうか。女と男それぞれの性のおかれている現実の思惑から、抜けきれないからではないでしょうか。

ひっくり返しただけでは、実質として「してもらう」、「してあげる」関係に変わりはない。この関係をいったん放棄するには、由香子さんの言うように、「男と女の仕事（そして男と女の領域）を分けていては、〈男〉たちは身につけることができない」のだから、「男女が共に働く機会をふやしてゆく」しかない。

それで思い出したのですが、このあいだ六年生の子どもが、家庭科の宿題だといって、「お母さん、うちって、家族のふれあいの工夫って、なんかある？」

と訊いてきました。

私は思わず、

「ええっ、なにそれ」

と聞き返し、家族のふれあいか……

「うちは狭いから、いやでもふれあってるじゃん」

とまずはかわし、それから、家族のふれあいの工夫になっているかどうかは知らないけれど、

「うちはみんなが、それぞれにできることで、家のことをやっているでしょ。たとえばお父さんは朝ご飯に責任をもつ、お母さんは晩ご飯に責任をもつ、あんたはゴミ出しに責任をもつ」

などと言ってはみたものの、六年生のこの宿題で、いったい子どもにどんな答えを、学校は期待しているのかと考えてしまいました。

「工夫って、先生、たとえばどんなこと言ってた?」

と訊ねたら、子どもが
「うーん、たとえば家族で多摩川にピクニックに行くとか……まあ、いっか。適当に書こうっと」

という子どもの一言で、その場は終わってしまったのですが、私はどうも「ふれあい」という情緒的な言葉が気に入りませんでした。それと家族がくっついたら、もう最悪だと思ってしまいました。情緒的な言葉は問題の所在を曖昧にします。関係性の見極めを甘くします。

あとから思ったことですが、この「多摩川にピクニック」だとするなら、それをもっと具体的に取り上げて、そのときにお弁当をもって出かけるとして、家族はそれぞれどんな準備をするかから、話を進めて、お父さん、お母さん、つまりは家庭での男と女の「働き方」を考えさせればいいのに。そのなかから父と母、親と子どもの関係性を考えさせればいいのに。そして具体的な行為を通しての「家族のふれあい」とはなにかを考えさせればいいのにと。

そこから子どもたちが「小さな公の場」としての「家庭」を考えることで、「休日に家庭サービスをするお父さん」と、「いそいそと家族のお弁当をつくるお母さん」、「うきうきしている子ども」といったステレオタイプに、うさんくささを感じればもっといい、などと、いまはさらに想像をたくましくしています。

男と女が「共に働く機会をふやしてゆく」ときに、大事なことは、「手伝う」ことと「共に働く」ことのちがいはなにか、だと思います。ちがいはおそらく、その行為に「責任」が伴っているかいないか、にあるのではないでしょうか。

「男と女の仕事（そして男と女の領域）」を明確に分けているところ、つまり外でお金を稼いでくる男と家事を取り仕切る女という構図のなかでは、必然的に男と女で「責任」の所在が分かれてしまう。でも男女が自ら選んでいっしょにいる場として、とりあえず家庭というものがあるとすれば、そこは男と女の「共通の領域」と考えられます。

でもそこを「共通の領域」にするには、どういう場にするかについて、男と女のあいだで合意がなければなりません。合意ができていなければ、その領域でたまに男が女の仕事に加わる、あるいは女が男の仕事に加わるのは、きっと「お手伝い」になるでしょう。言われなければしないだろうし、言われても手の出しようがわからない、ということにもなるでしょう。それぞれに「責任」は別のところにあるのですから。

合意ができていれば、家族にかかわる仕事は、双方が「責任」を持つべ

フットルース

フットルースとは、足かせをはずして、「自由気ままに行きたいところに行く」という意味です。準備会を経て、九七年から任意団体として、〇六年五月からはNPO法人として、社会のあらゆる領域で障害のある者とない者の「対等な関係」づくりを目指して活動してきました。「対等な関係」づくりのツールとして日米の障害者交換プログラムを、アメリカのオレゴン州、ユージーンと東京で毎年、交互に行ってきました。セミナーと野外活動を組み合わせた十日前後のプログラムで、ユージーンで行うときは、モビリティ・インターナショナル・USAがプログラムを用意し、東京で行うときはフットルースがプログラムを用意します。海外へ出ることは障害のある者にとっても、ない者にとっても、さまざまな発見があります。それをきっかけに人生の新たな一歩を踏み出した人が何人もいます。

この活動を通して見えてきたのは、障害のある者とない者が同じ場を共有するためのノウハウが必要とされているということです。現在は、私たちが蓄えてきたそのノウハウの体系化を試みています。名づけて、「ディサビリティ・インクルージョン・プログラム」。

※「フットルース」ホームページ
http://www.footloose.jp/
Eメール　info@footloose.jp

（S）

き領域になって、自分がやるべき仕事は、言われなくてもそうするものだし、事情でできないときは「悪いけど今日は代わって」の一言も出てきます。そうであれば、「なんで自分だけ？」のストレスも減ります。これはささやかな私の経験から思うことです。

　となるとまずは、双方が一緒にいる場を共通の領域と確認したうえで、せめて一つでも家庭内の働きに男が責任を持ち、そこから押し広げていくしかないのかもしれません。つまるところは双方のコミュニケーションの問題ということになるのでしょうか。

　でも「男女が共に働く機会をふやしてゆく」試みは、傍からはとても見えにくいことはたしかです。ちなみに、私たちよりずっと人生の先輩である横山さんは、どんなふうに「共に働く機会をふやして」きたのかなあ、とふと思います。

一九九九年二月一日

青海恵子

青海恵子さま ●●●●●

　先週は、十月とは思えないほどの暖かさで、団地の二階にある部屋の中も、金木犀《きんもくせい》の香りにつつまれていました。例年になく気温が高いせいで、窓を開け放っていたからでしょう。

　ところが、今週は、急に冷え込んで、着るものがなくてこまってしまいます。

　さて、「男女が共に働く」ことの延長で、オットとの関係をふりかえってみました。

　子どもが生まれて十一年、一時は別れようかとまで思った彼との関係は、ここ数年、なんだかよくなっているのです。それはなぜ、どうして？　と理由を考えてみました。

　ひとつは、子どもが乳幼児の頃にくらべて、生活に余裕ができたから、でしょうか。

初めて経験する子育てのいろいろに、私は張り切って、がんばって、疲れて、イライラしていたのでしょう。私はこんなに一生懸命やって悩んでいるのに、あんたはどうして平然としていられるの?――という怒りが、心のどこかにあったのだと思います。

ふたりで暮らし始めてから、初めての明白な「役割分担」に戸惑っていた。じゃあ、その分担を解消して、もっと彼に育児をやらせればよかったかといえば、そう単純でもなくて、赤ん坊との関わりを手放したくない自分もいる。彼もそれなりに考えているということは、当時の私にはわかりませんでした。

少し冷静になって、違う視点から見られるようになったのは、ある雑誌の取材をうけて、活字になった彼の言葉を読んでからです。上の子が四歳、下が二歳の頃です。

「できるだけ平等にと思っていても、彼女の負担がかなり大きくなっていると思います。こちらはおっぱいが出ないから夜中に子どもが泣くのに起きてもあまり役に立たない。彼女は二~三回起きて母乳をやるのを一年半続ける。私は彼女がいない時、一~二晩だけでも起きて粉ミルク作るのはつらいです。やはり女性はすごいと思いますね。私はとても同じことをする自信はありません」

「女性はすごい」と一般化するのではなく、「あなたはすごい」と表現してほしいと思いますが、それはともかく、こう思っているなら、それを言葉に出せばいいのに……。

「彼女から不満は出ませんか?」

という記者の質問に対して

「言われますが、私は黙ってしまいます」

と彼は答えているのです。のれんに腕押し、糠《ぬか》にくぎ。それがまた、私の怒りをさらに大きくしてしまう。

こんなことも言ってます。

「それに子どもは母親のほうが好きなんですね。私もそれをいいことに、どうぞどうぞと子どもを彼女に押しつけているところはあるんですが」

ね、ずるいでしょ! こういうヤツなんですよ。

あれ? おかしいな、この記事を読んで、当時は少しは冷静になったはずだったのに、また怒りが甦ってしまいました。

まあ、要するに、お互いの会話＝コミュニケーション不足が第一の原因。

そして、第二の原因は、いかんともしがたい現実社会の矛盾と、私の未熟さ。現実社会の矛盾というと大げさですが、こういうことです。ふたりの関係性での平等を求めるなら、私が正社員に復帰してフルタイムで働き、保育園の終了時刻に間に合わないので子どもは二重保育する方法が考えられる。当時、彼は「そうすれば？」と言ってましたが、私は二重保育するよりは、労働時間を短くするほうを選んだのです。そうすると、仕事量を減らした私のほうが家事や育児を多く担当するのは自然の成り行きだし、今の時期は仕方ないと悟れればよかったものの、精神的に未熟な私は、そうすんなりと悟れなかったのですね。


でも、この雑誌の記事を読んで、「あいつもこんな風に感じていたのか。まあ、ある程度の不満と矛盾は、今はしょうがないかなあ」と心のどこかで思ったようです。雑誌の記事にも多少の脚色はあるし、記事の言葉をそのまま彼の言葉と信じるのもおかしなものですが、心のどこかでホッとしたのかもしれません。


いつのまにか、少しずつ、ふたりのコミュニケーションがよくなってきたな、と感じたのは、上の子が小学生になってからです。

小学校というのは、それまでの保育園と違って、親が共働きということを前提にしてなくて「お母さんは家にいる」と思い込んでいる教職員が多いので、戸惑うこと、困ることは多々あります。でも、放課後の学童保育の存在は、私たちにとって貴重なものとなりました。

父母会活動が盛んな学童保育で、しかも父親がたくさん参加していました。それまでの保育園の父母会が母親ばかりだったのとは、大違いです。

自然にお父さん同士で、あるいは母親・父親が入り交じって飲みに行くことも多くなりました。そこで、発見したのが、男親にとっても、子どもについておしゃべりするのは快感なのだということです。

考えてみれば、女親は、保育園や幼稚園の先生とも、母親同士でも、「うちの子は＊＊でこまっちゃう」とか「○○ちゃん、けがしちゃったんだって」という会話を、しょっちゅうしています。

ところが、父親にはそういう機会があまりない。職場や飲み屋で、子どものことが話題になることはあるでしょうが、その話相手は「うちの子」の様子を知らない人です。

ところが、学童保育で一緒のおやじ同士だと、「おたくの＊＊ちゃん、このまえ公園で△△してたよ」とか「うちの子にチョコレートくれたんだって」という子ども同士の話題から、「今度の担任の先生は××らしいよ」というウワサ話まで、共通の会話が成り立ちます。子どもをめぐる井戸端会議に不慣れな男性には、すごく新鮮なことだと思うのです。

新鮮だったのは、彼にとってだけではありませんでした。キャンプの夜や運動会の打ち上げなどで、子どもづれでふたりともが参加し、みんなでワイワイ飲んでしゃべっていると、ふたりだけの会話では遭遇できない彼の意見を聞くこともできるので、私にとっても新鮮な経験でした。

つらつらと振り返ってみると、同棲を始めてしばらくすると、ほかの誰かも交えて何かをする機会が減ってきていました。共通の友人と一緒にやっていたもろもろのことが、だんだん少なくなり、子どもが生まれたことで、そういう活動からますます遠ざかっていたのでした。

たとえ彼が、私の文句に対して黙らずに言い返す性格で、ふたりの間のコミュニケーションが盛んだったとしても、「ふたり」だけという限界があっただろうな、と今は思います。もっとほかの人との関係性のなかに、私も、彼も、子どもも、「共通の居場所」を見出すことができたから、ふたりの関係が破綻までいたらず、改善されてきたような気がします。

十月十六日、「あれから三年、優生保護法はなくなったけど」という集会がありました。不妊手術を条件に結婚が許されたというハンセン病だった男性、貧困のせいで児童施設に入れられ、知らないうちに不妊手術をされた女性、ドイツの精神障害者への断種手術に対して謝罪と補償を求めてきた精神神経科のドクターなど、さまざまな立場から、すばらしい発言がたくさんありました。そのなかで、DPI女性障害者ネットワークのロールプレイもあり、こんなセリフがありました。

「介助をうけるのは、人に迷惑をかけることではなくて、人とつながることだと思ってる」。

その時は、「介助」との関連で、私の中に入ってきた「人とつながる」

という言葉が、今こうして自分と彼との何年間かをふりかえっていたら、違った意味あいを持ってきました。

私にとって「育児」という経験を通じて、「人とつながる」ことができたといえるし、その「人」のなかには、彼も入るのかもしれません。だれにとっても、「人とつながる」ことはたいせつなこと。人とつながらないと、自分の「居場所」も見つけられないし、生きていけないんだよね、としみじみ思います。


ここ数年、「これって至福のとき」と言うのだろうな、と実感することがあります。

仕事や飲み会、趣味の活動などで、私の帰りが遅くなって帰ってきた夜、音をたてないように、そっと鍵をあけて部屋に入ると、子どもたちも彼も、限りなくいびきに近い寝息をたてて寝ています。彼らの寝顔を見ると、とても幸せな気持ちになるのです。

せいぜい一か月に一～二回ですが、起きてるときはガミガミ怒鳴っちゃう子どもたちにも、ケンカしてる時は「ちゃんと口に出して言えよな！」とふつふつと怒りが湧いてくる彼にも、やさしい気持ちになれるのです。同じく夜中に、男三人が寝ている姿を見て、どうしようもない孤独感に襲われた八年前（『ニンプ・サンプ・ハハハの日々』参照・29頁）からは、想像もできない心境の変化です。

その光景だけを取り出せば、あまりにマイホーム主義的なシーンではあるけれど、パートナーがいて、子どもがいて、だから幸せだ、ということを言いたいのではありません。そういうことではなくて、私が満ち足りた気持ちになれたから、幸せに感じるのだと思います（ってことは、夜、飲みに出られれば満足ってことになるかしら？）


なんだかふぬけた話になってしまいましたが、きょうはここまでといたします。

風邪などひかないよう、お気をつけください。

一九九九年十月二十日　　大橋由香子

青海恵子さま

赤ん坊が生まれ、育てているときの孤独や焦燥感を記すことから始まった私たちの手紙。問題のなかみを明らかにしようと、からまった日常を解きほぐし、言葉化を試みているうちに迷路に入り込んだのか、やり取りが途切れていました。

そういえば、去年の暮れ、奇妙な法律が国会議員たちによって提案されました。法律の名は、「少子化社会対策基本法案」〔70頁コラム〕。前文では、急速な少子化の進展が二十一世紀の国民生活に、深刻かつ多大な影響をもたらすと述べたあと、こうあります。

「我らは、紛れもなく、有史以来の未曾有の事態に直面している」

「有史以来」というのは、いくらなんでも大げさではないか、と思うのですが、戦中、一夫婦最低五人の子宝報国を奨励した人口政策確立要綱(一九四一年)も、戦後の母子保健行政やマンパワー政策も、「人口」を問題にする論調は、いつも大仰で悲壮感がただよっています。

幸いこのまえの十月に廃案になって、ほっと胸をなでおろしたところですが、「少子化＝国家の危機」という発想がなくならないかぎり、人口を増やそう、女にもっと子どもを産ませようという政策が、きっとまた出てくるに違いありません。

さて、同居人との関係が悪かったときの心理状態を思い出してみると、恵子さんも私も「帰ってこない男」「家にいない夫」がその原因のひとつにありましたよね。たぶん、多くの女性にとって、子育てが楽しくないと感じる理由も、この「男の不在」と「子育ては女の仕事」という見方が関係していると思います。

「夫の不在」というと、思い出す場面があります。

原稿を執筆者に依頼して、いただいて、印刷所に入れて、校正して、毎週新聞を出す……という仕事を最初の職場でしていたときのこと。あした原稿をもらわないと締め切りに間に合わない、という状況で、先方の自宅に電話をしたことがあります。

メールはもちろんのこと、ファックスもないし、バイク便もたぶんなかったし、原稿は余裕があるときは速達で送ってもらうけど、直接会って受けとるのが基本でした（うーん、こう書くと、すごく昔みたいな気がするけれど、そんな昔でもないから不思議）。

相手の自宅に電話をするときは夜の十時前、という常識を守っていた私ですが、その日は、ふと気がつくと十時五分すぎ。「あ、まずい」と思いながら、昼間はつかまらない人なので、自宅に電話するしかない、と公衆電話のダイヤルをまわしたのです（もうプッシュホンだったかな）。するると、妻らしき女性が電話に出てきました。こちらが「夜分遅くに申し訳ありません」と切り出して、「原稿をお願いしている件で＊＊さんに連絡をとりたいのですが」と言っているあいだも、電話の向こうから赤ん坊か子どもの泣き声が聞こえてきます。「こんな夜に電話して、悪かったかな」と気がつく前に、相手の女性がきつい声でしゃべりだしました。

どんなにりっぱなことをしてるのか知らないけれど、子どもを女房におしつけて、自分ばっかり外で好きなことをして、そんな人間の書くものなんか活字にして、何になるっていうの？……みたいな内容でした。

「す、すみません」と電話口で言ったかどうかも覚えていませんが、子どもという存在とまったく関係ない日常を送っていたその時の私は、彼女の怒りの深さが理解できなかったのだと思います。自分でもこの出来事は、ほとんど忘れていました。

ところが数年後、寝つきの悪い赤ん坊を早く寝かしつけて、やらなきゃならない仕事や家事をしようと焦っているとき、「あ、寝たみたい」というタイミングで電話が鳴り、子どもが起きてしまったとき、彼女の怒りに満ちた声がよみがえってきたのです。

家にいる自分、突然襲いかかってくる外の世界。受話器をもつ自分が、あのときの彼女と重なっているのを感じました。

恵子さんは、NHKの「プロジェクトX」見てますか？　生産活動のために「家庭」や「家族」をかえりみず（犠牲にして）、仕事に没頭する男たちが、ピンチに遭遇して「息をのんだ」りしている姿。そのかげで、妻や小さい子どもたち、黙って父の帰りを「待っていたっ」という田口トモロヲのナレーション。多少のヴァリエーションはあるものの、要するに、高度経済成長の企業戦士物語（うんざりするにもかかわらず、不覚にも、たまに涙腺を刺激されてしまうところが、悔しい）。

うちの場合は、企業戦士ではないのですが、最近ちょっと困った事態が起きています。

最初は歓迎していた学童保育ですが、子どもが「卒館」しても（児童館なので「卒館」となる）、あいかわらず「オヤジの会」のメンバーと飲み歩いている同居人。それに加えて、このごろ、子どもが入った少年少女野球チームのボランティアコーチをするようになってきました。

出張で月曜からずっと留守にしていて、帰ってきた週末、朝はやくから夕方まで、多摩川の土手で野球の練習です。夜は、コーチ会議や打ち合わせ、試合に勝ったら祝勝会、負けたらチクショウ会、などと称し、出かけてしまいます（当然、酔っぱらって帰ってきます）。

それまでは、週末に彼がやっていた家事を、まったくといっていいほど、しなくなってしまったのです。

地域の野球チームのお手伝いを父親たちがやるというのは、客観的には「いいこと」だと私も思います。それは、個々の男性（お父さん）にとっては、仕事上のつきあい以外の人間関係ができるし、自分の子もふくめて、子どもたちと接することも、貴重なことです。以前、上野千鶴子さんが、社縁社会（職場）、住縁社会（血縁と地縁）、知縁社会（知の共同体）の三つの最適混合を、女にも男にも保障するという戦略をとなえていました〔上野千鶴子編『主婦論争を読む』解説、勁草書房〕が、野球チームのボランティアは、さしずめ男性の地縁社会への進出でしょう。

子どもにとっても、家族や学校以外の〈場〉が近所＝地域にあることは、必要なことだし、いろんな大人と接するのは大事なこと。

そう、客観的には、けっこうなことなのです。でも、平日にできない家事をまとめてやるはずの週末に、朝から晩まで出かけていかれるのは、私にとっては困ったことなのです。

ほかのコーチたち（お父さんたち）も、平日は仕事で家をあけ、土日は「野球」で家をあけ、要するに外に出てばかり。家事をしないための言い訳かな、と思えなくもない。「地域ボランティア活動」といえば聞こえはいいけれど、そして、賃金労働以外の場に男たちが居場所を見つけていくのは、基本的にいいことだろうけど、なんだかヘン、というのが実感です。

この夏、冷蔵庫がこわれたと思ったら、九月に入ってから、今度はクーラーから冷たい風が吹いてこなくなりました。外の気温が低くなったからかな、と思いましたが、それにしても生暖かい風なので、修理の人に来てもらったら、根源的なところが壊れているので、修理はむずかしい、もしそこを直しても、また別のところがダメになるでしょう、ということ。「買ってから何年たってます?」「ちょうど十年ですね」「ああ、それじゃ、新しいの買ったほうがいいね」という結論でした。〝消費は美徳〟です。

そういえば、上の子が赤ちゃんのときは、クーラーがなかったので、うちの子はアセモだらけ。保育園の保母さんに「あんまり暑いとかわいそうですよ」と言われたことがあったっけ。それでクーラーを買ったのですが、赤ん坊がいなければ、クーラーなしでも、それほど苦にならずに夏を越せたように思います。ところが、この夏の暑さといったら、ひどいものです。

十月になると、洗濯機から、あやしい水漏れがしてきて、二槽式の洗濯機が壊れてしまいました。以前は「二槽式のほうが、手洗いできて融通きくから」とあえて全自動を買わなかったのですが、洗濯物の量は格段に増えているし、今度は全自動にしよう。乾燥機つきにしようかな、それも一体化したのがいいかも……とカタログを見てみました。ところが、いろいろ測ってみると、うちの間取りでは、乾燥機合体型の洗濯機は置くスペースがとれないことがわかりました。トホホです。

赤ん坊だった上の子が、小学六年生、来春には中学生になります。十年たてば、家電製品も寿命を迎え、私のからだも少しずつガタがきて、考え方も（とくに家事の合理化について）ガラリと変わりました。

実は、もうひとつ「いずれ買おうかな」と悩んでいるのが、自動食器洗い機。専用洗剤が合成洗剤だから環境によくない、やっぱり手で洗うことを子どもにも知らせないと、それに洗ってる間はけっこう気分転換になる、などと理由をつけて批判的・消極的だった自動食機洗い機ですが、食器の数が増えてきたこともあって、もうすこし値段が安くなったら、ほしいなあ、と思っています。

とはいっても、私が住んでいるのは、一九七〇年ごろに建てられた団地なので、もうじき二十一世紀の電化生活にはついていけない構造なのです。トースターや電気カーペットを使うときは、注意しないとブレーカーが落ちてしまいます。なので、やはり、自動食器洗い機は、無理かもしれないなあ。そもそも契約アンペア数が小さいし、コンセントの数が少ないので、延長コードと蛸足《たこあし》配線だらけ、電化製品を入れられない不自由な団地生活。

でも、考えようによっては、一九七〇年前後の電気消費量を維持できれば、原子力発電所をなくしても、電力不足にならないんじゃないかしら。家庭だけじゃなくて、オフィスや工場も、冷房や暖房をもうちょっと少なく使うことで、かなり違うと思います。でもこれって、東京電力の節電CMと同じレベルになってしまいますね。私が言いたいのは、あくまでも原発をなくすための消費低下、あるいは、高度経済成長の対極にある、少なく生産、少なく消費というスタイルなんですけど……。

であるならば、自動食器洗い機を買うことで問題を解決するのではなく、子どもたちや同居人が、野球ばかりしてないで、もっと家事をするようになればいいのかもしれない。

数年前に、もし携帯電話があれば、夜十時すぎの電話で彼女の怒りに火をつけることもなかったかもしれません。機械や電化製品は、役割分担の矛盾を隠蔽《いんぺい》するのか、それとも、機械化によってよりマシな状況になりうるのか。職場で女性だけがお茶を入れる「お茶くみ問題」を、自動販売機や紙コップで「解決」するときの矛盾と、なんだか似ている気がします。


でも、この団地の一番の問題は、階段ですね。

このまえ、ちょうど近所まで来たついでにと、恵子さんがうちの前まで寄ってくれたのに、団地の二階にある私の部屋にあがってもらえなかった。恵子さんと別れたあと、なんとも言えない気分になりました。

団地にエレベーターがついてないこと、階段にスロープもなにもないことは、直接的には私のせいではないし、私の力では今のところどうしようもないことではあるけど、あの建物が私の友だちを入れさせないように阻んでいる事実に、だんだん腹が立って来て、そして、恵子さんに申し訳ない気持ちになりました。

「なにをいまさら」というような、あなたにとっては日常的なことなのかもしれませんが……。

寒い季節がやってきます。風邪などひかないよう。お気をつけください。

二〇〇〇年十一月二十五日

大橋由香子

少子化社会対策基本法

「少子化社会対策基本法案」は二〇〇〇年末にいったん廃案になったが、二〇〇一年六月に超党派の議員立法として衆議院に再提出され、継続審議となっていた。それが、二〇〇三年五月に内閣委員会で審議が始まり七月に成立した。

第二次世界大戦中の「産めよ殖やせよ」時代に作られた「人口政策確立要綱」に発想が似ている、子どもを産むか産まないかは個人が選択するというリプロダクティブ・ライツの否定につながる、多様な家族のあり方を認めず、子どものいない夫婦や結婚しない人への偏見を強めるなどの批判があり、「もとより、結婚や出産は個人の決定に基づくものではあるが」という一文が加わった。

第六条には「国民の責務」として「国民は、家庭や子育てに夢を持ち、かつ、安心して子どもを生み、育てることができる社会の実現に資するよう努める」と法律には珍しい「夢」が入っていることも問題視された。

（O）

大橋由香子さま

ごめんなさい！　しばらくご無沙汰してしまいました。

私のほうはどうしていたかというと、子どももこの春から中学三年生になり、高校受験という関門が目の前にちらつきだし、夏休み前には、来年から総合学科として新設される高校の説明会へ子どもとでかけたり、さすがにのんきな親も夏休みから子どもを塾に通わせたり、カラスにつつかれていた仔猫の兄弟を子どもが救出してくる事件があったりと、心せわしい日々でした。

そしてなんと言っても極めつけは、フットルースの九月のプログラムが九月十一日のテロ事件で吹っ飛んでしまったことです。

何か月も前から準備して、メンバーもやっといい感じでまとまってきて、さあ明後日にはユージーンへ出発、という夜の出来事でした。飛行機は運航のめどが立たない。たとえ数日ようすをみて延期したとしても安全は保証できない。さあ、どうするか?!　苦渋の決断で中止するしかありませんでした。

なにがあろうと、時だけは確実に過ぎてゆきます。もう師走です。この秋は二つの小学校にお話をしに行く機会がありました。十月には、K小学校の六年生の子どもたちに、十一月にはY小学校の四年生に。

K小学校に行くことになったのは、プログラムのとき手話通訳でお世話になっているOさんから、「青海さん、お願い、ただ働きして！」と言われ、なんのことかと思ったら、娘さんが通っている小学校に話をしに来てほしい、とのこと。

「いいよ。電動で行けるようになっていればね」と応じました。

つまり、持ち上げなしで校内に入れて、電動で移動できるのであれば、ということです。このような条件をつけたのには理由があります。日本でも公共の場所のバリアフリーはかなり進んできていますが、いちばん進んでいないのが「学校」だからです。学校は階段と段差だらけと思ってまちがいありません。その学校で最近、総合学習とやらで車椅子体験をしたり、アイマスク体験をしたり、手話を学んだりが盛んになってきているようです。

Oさんが言うには、きちんと障害を持つ人の「権利」というところで、子どもたちに話してほしい、先生にもそういうふうに話しておく、ということでした。それで久々に小学校を訪れることになりました。

その日はOさんと駅で待ち合わせ、階段のない裏門から校舎に入り、一階の部屋で六年生のみなさんとご対面。さて、そこでどんな話をしたか。高校一年生の国語の教科書にも採用されている『みすず』に書いたエッセイ（『みすず』一九九五年八月号。このエッセイをもとにした「ユージーンへの旅」という文章が『国語総合』（三省堂）に所収されている）を下敷きに、ユージーンで私が実感した障害者の「権利」とそこにつながる「自由」について、そしてその権利や自由はいま、この街でどうなっているかを、我が子の学校のことや公共交通機関を例に話しました。

電動車椅子を使う私が、その場の人の流れや空気を変えることなく利用できるユージーンのリフト付きバス、私をひとりの個人として接するユージーンの街の人たちの視線の柔らかさ、それらが可能にしていた私の移動と行動の「自由」、それが私の「権利」、障害者の「権利」なのだと。そしてその「権利」は、いま、私の行く場所、利用する交通機関の状況次第で、保たれているときもあれば、保たれていないときもあると。

私が子どもたちに話したかったのは、「権利」とか「自由」というのは、抽象的な言葉としてあるのではなく、単独で移動する自由という具体的な日常とつながっているんだよということです。話のあとで、子どもたちからの質問があって、そのなかで「みんなに手伝ってもらえるように、もっと軽い電動車椅子ができるといいですね」と言った子がいました。私は一瞬、うーん、ちょっとちがうんだな、と、なんと答えたものかと迷っていると、六年生の担任の一人がすかさず、「青海さんがおっしゃったのは、そういうことではなく、どんなところでもひとりで行けるような街であることが大事だということですよ」と、フォローしてくれました。そして私は、ちょっと話がむずかしかったかな、と秘かに反省しました。

子どもたちにわかるように話すのはむずかしいものだと、あらためて思いつつ、校長先生のところでお茶をいただいていると、さきほどの子どもたちが次々と入ってきて、私に「お手紙」を渡してくれました。子どもたちの感想です。

たとえば、電動車椅子がそんなに重いなんて知らなかった、車椅子は歩かなくてもいいからラクチンだと思っていたけれど、車椅子を動かすと手が疲れるし、歩く方が楽だと思った、権利にもいろいろな権利があるんだと思った、青海さんが手伝ってもらいたくないという気持ちが少しわかりました、日本も少しずつ駅とかがよくなってきてよかったです、等々……。

こうした感想を読むかぎり、「権利」という論点よりも、もっと具体的な電動車椅子の重さとか、車椅子でバスや地下鉄に乗る不便さとか、そちらのほうが印象に残ってしまったようです。そこからは、車椅子の人は大変、手を貸してあげなくては、という意識が子どもたちにできあがってゆくようです。そして車椅子の人は人に手伝ってもらうものだということも。大事なのは、そこから一歩進んで、だれにでも保障されるべき「移動の自由」、それが人生に持つ意味、そんなことをおぼろにでも感じてもらえれば、と思ったのですが、一度きりの話では少し無理があったようです。

ところで、私の「権利」がもっとも保たれていないのが学校という場です。子どもが小学校にあがるとき、入学式は二階の体育館で行われました。体育館がなんで二階にあるんでしょう?! そのときは電動車椅子をやめて、手動車椅子を押してもらって小学校まで行き、階段を持ち上げてもらいました。まだユージーンへ行く前でしたから、仕方ないか、くらいに思っていました。でもその一年後、ユージーンへ行ってからというもの、これが耐え難いものになっていました。移動の自由を剥奪されることは、自分を剥奪されるような気がするのです。階段を持ち上げられているあいだ、息を詰めて感情を押し殺している自分は、まるでモノのように感じるからです。

だから子どもが一年生、二年生のときは、急とはいえスロープのついた入り口もあったし、教室も一階だったので、授業参観にも保護者会にも行きましたが、三年生からは教室が二階三階とあがっていったので、授業参観も保護者会も行かず、個人面談は一階の空いている部屋でやってもらったり、先生が家に来たりしていました。体育館にあがったのは、子どもが自分から立候補して劇の主役をダブルキャストでやった六年生の学芸会と卒業式だけです。

そんなこともあって、PTAに係わることもなかったので、子どもの同級生とのつきあいや親同士のつきあいは希薄でした。いまから思えばもっとやりようがあったかなという気はしますが、校内を自由に移動できないというのは私にとって致命的でした。とにかくこっちが「その気」になれないのですから。

子どもの通っている中学校は小学校よりさらにひどい。入り口の段が二段、その前に植え込みを仕切るコンクリートの段が突き出ている。校内に入るだけで一苦労。入学式に行っただけで懲りました。ここも体育館は二階。このときは手動車椅子を、子どもが小学校に入ったときからの友だちでもあるお母さんに引いていってもらい、私は電動で中学校まで行き、そこで手動に乗り換えさせてもらい、階段を持ち上げてもらって体育館まで行きました。手伝ってくれた先生方の息ははずんでいるし、周りの視線は堅いしで、もう来ないぞ、と思うに十分でした。もちろん手伝ってくれた先生方は、いつでもお手伝いします、とは言ってましたが、私にとって問題はそういうことではないのです。しかも中学校は教室がすべて二階から上ときている。三者面談のときしか学校には行きません。もう少し先のことですが、卒業式も行くかどうかもわかりません。

それもこれも、普通学校は障害のある子が来るところではないという前提の下で成り立ってきたからです。保護者が障害者などというのは想像も及ばないようです。そして保護者は毎日学校へ行くわけではない。けれども、いま学校は空き教室を地域に開放しています。子どもの通う中学校もそうです。地域に開放するのなら、地域に住むどんな人にでも開放されていなければならないはず。私のような者も、足腰が弱くなった高齢者も住んでいる。それを前提にするなら、こんなバリアだらけの学校ではいけないと思うのです。私のような者も、おじいさん、おばあさんも、子どもや孫の授業参観、文化祭などにも気軽に行けるようにするべきです。

ちょっと脱線してしまいました。話をもとに戻してY小学校に行ったときの話です。ここへ行くことになったのも、Oさんの友人からの依頼です。この小学校でも総合学習でさまざまな障害についてグループに分かれて学んできたそうで、そのなかで車椅子のことを調べてきた子どもたちにお話を、ということでした。小学四年生、うーん、どんな話をすればいいのだろう、この前の話はかみ砕いたとしても四年生にはちょっとむずかしい。あれこれ考えた末に、以前に翻訳した岩波書店の児童書『おしゃべりな口』と『こまったくちばし』〔76頁〕を題材にしようと決めました。

この話は、耳は聞こえるけれども、「生まれたときに喉の一部を置き忘れてきた」ために口がきけない少女ロウィーナが、養護学校から普通学校に転校してきて、手話やメモを駆使して、ほんとうの友だちを見つけるまでの奮闘ぶりを、ユーモアたっぷりに描いています。彼女に最初に話しかけたのは、少しだけ手話を習ったことのあるアマンダ。でも彼女はこのときロウィーナを「親切にしてあげる対象」として見ていました。それを知ってロウィーナは怒り傷つきます。でもここからが、バイタリティとユーモアあふれる彼女の本領発揮で、アマンダとほんとうの友だちになっていくのです。

六年生に話したあとで、四年生を目の前にすると、いかにもかわいいという感じでした。さあ、今日はうまくいくか。まずは自己紹介をして、本のあらすじをお話しして、最後に、「みなさんは、車椅子体験をしたり、いろいろなことを調べたりしてきたと思います。でも、車椅子を使っている、同じような年齢のお友だちはいますか。いまはそういう人たちはみなさんとは別の学校で勉強しているから、なかなか出会えないかもしれません。でもいつか、この本のロウィーナとアマンダのように、そういう人たちとほんとうのお友だちになって下さい。」と結びました。

つぎは子どもたちの質問です。「車椅子を使っていていちばんこまることはなんですか?」いちばんこまることとか、この手の質問がいちばんこまる、などと、その場でシャレてる場合ではないので、「いちばんこまることねえ、そう、たとえば、お店の前の歩道をふさいで自転車が止まっていること。スロープのあるところまで引き返して、車道に降りなくちゃいけない」と、そのころ腹立たしく思っていたことを話しました。もう一つよく覚えているのは、「お料理とかはどうするんですか?」という思わぬ質問。私が自己紹介で子どもがいると話したことからの連想でしょうか。

お料理ねえーと、ちょっと考えてから、「私は口で料理するんですよ」。みんな、きょとんとしてつぎの言葉を待っていました。「お料理でもなんでも、私にはできることとできないことがあります。できないことはヘルパーさんに、ああして下さい、こうして下さい、とお願いします。全部は自分でできなくても、できないことは人にお願いしてやることも、自分でやることなんですよ。いろんなやり方があっていいんです。」やっぱりなんかわからない、という顔。そのうちに時間が来て、本は図書室に寄付して帰ってきました。

この日、私が言いたかったのはただ一つ、障害のある子とお友だちになれる機会があるといいね、そこからいろんなことがわかってくるよ、ということです。生徒たちの感想を綴じた冊子があとから送られてきました。どんなことにこまっているかよくわかって勉強になりました、というような感想が多いなかで、「せまい道に自転車を止めないように気をつけようと思いました」とか、「話を聞いて、障害のある子どもも、自分たちと同じ子どもなのだということがわかりました」というのが、私にはちょっとうれしかった。

こうした小学校で導入されている総合学習は、知らないことを知るという意味で、それなりに意味はあるのだと思いますが、そこで強調されているのは、どんなことにこまっているかを「理解」して、「手を貸してあげよう」ということのようです。私の話もその線に沿って解釈されると、こまっている事実ばかりが浮き彫りになって、それが一方的な「理解」や、対等な関係を抜きにした「手助け」の押しつけにならないともかぎりません。私が話した友だちとして「助け合う」ということが、「障害のある人に親切にしてあげること」と短絡されたら、逆にほんとうの意味での人間関係を創ってゆく障壁になりはしないかと一抹の不安もあります。

機会があったら、こういう場で話をすることも、いまのところは必要なことかもしれないとは思っていますが、ほんとうのところ、私のような

「大人」がしゃしゃり出て行かなくとも、子どもたちが自然に障害のある子どもたちと「同じ子ども」として接する機会を保障してゆくほうがもっと重要だと思っています。障害のある子もない子も同じ場を共有して、「同じ子ども」としての経験を共有できるように、教師たちがきちんとフォローする。そういう教師たちを支える意味でも、必要なのは世の大人たちの「総合学習」なのかもしれません。

このあいだ、蒲田駅で電車から降りてホームを進んでいると、「こんにちは、青海さん」と声をかけてきた小学生がいました。一瞬わからずにいると、「K小学校の〇〇です」と言われ、「ああ、こんにちは、どこか行ってきたの」と訊くと、「はい、習い事で」という。「そう、気をつけて帰ってね」「はい、さようなら」とその子は去っていきました。ちょっとうれしかった出来事です。

寒くなりました。お元気で。

二〇〇一年十二月十日

青海恵子

おしゃべりな口
～ロウィーナの転校日記

モリス・グライツマン著、青海恵子訳。岩波書店、一九九七年

こまったくちばし
～ロウィーナのペット騒動

モリス・グライツマン著、青海恵子訳。岩波書店、一九九七年

青海恵子さま ●●●●●

年度が変わり、この春、恵子さんの娘さんは高校に入学したのですね。おめでとうございます。

いつか、区民ホールかどこかで、子ども向けの演劇を一緒に見に行った帰り道、恵子さんの電動車椅子の後ろに、娘さんがちょこんと立ち乗りしているのを見て、うちの下の子も真似して乗せてもらったことを思い出します。

「あのマシーン、いいね、かっこいいね」

と、うらやましそうに言っていました。

あのときの小学生が、もう高校生なんですね。

前回のお手紙、興味深く読みました。

子どもたちが、障害のある子どもたちと「同じ子ども」として経験を共有できることのほうが、ずっと大事なのに、と恵子さんが書いていることにも、共感します。

わざわざ分けておいて、それであらためて「理解しましょう」と車椅子体験をしたり、施設訪問・行事交流をしたりするくらいなら、最初から一緒にしたほうが、ずっと理解し合えますよね。ともに学ぶために必要なケア（スロープやエレベーター、少人数学級、職員の増強など）にお金やエネルギーを注げばいいのに、と思います。

それにしても、学校というのは、ほんとに階段が多いし、段差が多い。うちの子が通う小学校も、「もし車椅子で行くとしたら？」と考えると、「バリア不自由」です。幸い体育館は一階だけれど、入り口まで数段の階段がある（中学の体育館は三階建てでした）。地域の人に開放している「地域集会室」は、それまでは廊下と教室の間が平らだったのに、耐震工事をしたおかげで、ものすごい段差ができています。「どっこいしょ」と跨《また》がないといけないくらい。地元の年配の人も利用するのに、つまずかないかしら？　と心配です。

親という立場で小学校に行くようになって八年めになりますが、めったに行くことはありませんでした。ところが下の子が六年生になった今年度は、ＰＴＡのやっかいな委員を引き受けてしまい、足しげく通っています。

ＰＴＡには、近づきたくありませんでした。

「ＰＴＡおばさん」というのは、十代、二十代のころの私にとって、唾棄すべき存在でした。「ＰＴＡ」から連想ゲームをすると、道徳おばさん、盛り場の補導、エロ雑誌を家に持ち帰らせない駅前の白ポスト、「うちの子にかぎって」というかんじでしょうか。

かつては「ママゴン」などという言い方もありましたが、「教育ママ」も今は死語かもしれませんね。最近は、塾の「送迎ママ」あるいは逆に「放任ママ」のほうが多いのかも。

……というふうに、PTAというと、当然のように「母親」をイメージしてしまうところこそが問題なのですが、現実はたしかに、PTAを始め、学校の行事に出てくるのは女親が圧倒的。

例外として、運動会や学芸会などでは、父親もビデオ係で参加します。もうひとつの例外が、会長。PTAの実働部隊は母親たちが担い、PTA会長は男性、というパターンの学校が——地域によっては「そんなことない」ところもありますが——多いようです。

PTAは（学校も）、ほんとに謎に満ちた不思議なところです。「いまはもう二十一世紀だよね」とカレンダーを確認したくなるくらい、奇妙な習慣、古めかしい慣例が残っています。

男女共同参画を考えるうえでも、微妙な問題がちりばめられています。たとえば、PTA会員名簿。名簿や連絡網は、プライバシーの観点から作成しない方向になっているようですが、PTAだけでなく、子どもたちの名簿の保護者欄など、男親・女親、どちらを書くか、というテーマが、ときどき話題になります。

パターンA：基本的に父親の名前。

これは、住民票の世帯主や、戸籍筆頭者も男性にすることが多い、ということと同じ感覚だと言えるでしょう。

わたし自身が小学生のころは（四分の一世紀以上昔）、ほとんどパターンAでした。学年に一人くらい、保護者欄が母親（女性らしい名前）の子がいて、そうすると、「**ちゃんちは、お父さんがいないんだ」とわかるのです。

母親の名前（ファーストネーム）は表には出ず、記録に残る文書は、ほとんど顔を見せない夫たちの名前。そうすると、**ちゃんのお父さんが太郎さんだということは名簿でわかるけれど、いつも顔をあわせるお母さんの名前が花子さんだということは、わからない。母親同士（大人同士）でも、「**ちゃんのおかあさん」と呼ぶことになる。大げさに言えば、女の名前は隠蔽されているのです。

パターンB：基本的に母親の名前。

これは、実際に保護者会に出たりPTA活動をしたりするのは、女親なのに、名前だけ男親（女性からみれば夫）にするのは、おかしい――という問題意識から生まれたのだと思っていました。たとえば、PTA行事への出欠票に保護者の名前を書くときは、出席する人を書くのが自然でしょう。うちの子が通う小学校のPTA委員名簿なども、このパターンBです。いわば、実態に合わせたということでしょうか。

ところが、母子家庭だということが「わかってしまう」パターンAだと「こまるから」パターンBが現れたのだ、という異説を聞きました。「こまるから」が何を意味するのか？「かわいそうだから」というニュアンスなのか、当事者からの働きかけの結果なのか、ほかの理由があるのかわかりませんが、今度は、名簿に女親がズラリと並ぶなかに男性（らしき）名前があると、「父子家庭」だと「わかってしまう」ことになります。

こう考えていくと、そもそも親がふたりか、ひとりかということを、どう考えているのか？　教師や保護者、子どもたち、つまりは人々が、家族や家庭をどのように見ているのか？　という視線が関係してきます。

ちょっと前まで、公の文書にも「欠損家庭」という言葉がありましたし、いまでも増税や公共料金の値下げ・値上げというと「標準家庭」ではいくら得するか、という言い方がなされます。標準家庭は、「父・母、子どもがふたり」、しかも父はサラリーマン、母は専業主婦（扶養の範囲内でパート勤務可）という想定です。

でもね、近所の人々を見ていると、標準家庭なんて、ほーんと、少ないんですよね。

ずっと共働きの家庭もあれば、子どもが小学校に入るころから女親が再就職する家庭もある。工務店や工場、商店など自営業の家が多い地域なので、妻も家業の仕事をしているケースがほとんど。離婚も死別もふくめて、ひとり親家庭がかなりいるし、その後、子連れ再婚して新しいパートナーとの間にも子どもがいる家庭もめずらしくない。ジジババとの三世帯同居もいるし、もっと多いのはひとり暮らし。けっこういろいろです。

これは地域によってかなり違うみたいで、郊外の新興住宅街に引っ越した友だちに聞くと、「夫は大手企業勤務か弁護士か大学教授。妻は優雅に趣味を楽しむっていう家ばっかり。共働きなんて、うちだけだったのよ～」

と驚いていました。

でも、考えてみると、標準家庭的発想の権化のようなものがPTAだとも言えるので、変わりつつある現実に、はたして従来のPTAが対応できるのか、はなはだ疑問です。

PTA会長に男を据えておく、というのも、パターンAの発想ですよね。でも同時に、男親にもっと地域活動、子育てに関わってもらいたい、という男女共同参画的発想から、会長や副会長に男性がなっている場合もあるので、簡単に断定するわけにはいきません。


上の子は一学年二クラスだったので、まだ楽でした。たまたま子どもの通う小学校は小規模校なので、下の子は、一年生のときからずっと一クラス。子どもたちにとって良いかどうかという以前に、まず担任の教師が「大変です」と訴えます。「ずっとこのメンバーで六年間かぁ」と思うと、親も緊張します。

それ以上に大変なのが、PTA。人数からいくと、最低でも二回は、何かしら委員をやらざるをえないという厳しい状況です。「仕事をしています」というのは、委員を断る理由にならないほど、純粋専業主婦は少ないし、そういう人は、老人介護をしているか、まだ乳幼児がいるか、妊娠しているか……つまり、仕事をしている以上に大変だったりするわけです。さらに別居した、離婚した、どちらかが亡くなった、ということも起きるので、委員のなり手はさらに少なくなる。

五年生まで、なんとか逃げていたわたしも、ついに年貢のおさめどき。しかも六年で引き受けると、いろいろなオマケがついてくるとは知らずに、見事に当たり(＝はずれ)をひいてしまったのです。

こんな地域なので、PTAの会合は昼ではなく夜に行います。もう子どもも留守番できる年頃なので、それぞれみんな「自分の子ども」は夜ほったらかしにして、「子どもたち」のためのPTA活動に、時間とエネルギーを注いでいるのです。(なんか、ヘンですよね～)

これからもどんなことが起きるのか、ミラクルワールドをちょっと探検してみようと思います。

二〇〇二年五月十二日　　大橋由香子

大橋由香子さま

そうなのです。娘はこの春、高校生になりました。私はこれまで彼女のことを「子ども」と書いてきました。でも中学二年生あたりを境に「子ども」ではなくなりました。その質の変化にうまく対応できないでいる私がいました。こちらとしてはそれまでと変わりなく接しているつもりでも、こちらの言うことがストレートに伝わらず、思わぬ方向に受け止められたり、返事がなかったり、予期せぬ反応が返ってきたりして、娘への対応にとまどうときがあります。コミュニケーションの回路がそれまで単線でつながっていたのが、こちらだけ単線のまま、むこうだけがいつのまにか複線化や複々線化していた、そんな感じです。でも、子どもはこうして大人への階段を踏んでいくのでしょうね。由香子さんのお手紙にあったエピソードに、ああ、そんなこともあったっけ、と懐かしくなりました。

よく人は「子どもが大きくなればなったで、別の大変さが出てくるものよ」と言います。子どもが小さいうちは、ふーん、そんなもんかな、ぐらいにしか聞いていませんでしたが、この間、「別の大変さ」ってこういうことだったのか、と思うことしきりでした。

つまり、いちばん近い他人である「子ども」というひとりの人間を、それまでどんなふうに育ててきたのか、その結果が自分に返ってきてオタオタするということのようです。あれこれ文句をつけたくなる娘の姿も、結局は「そのように育ててしまった」ということです。それをふり返って、これからどう「育てる」のか、つまり「人を育てる」というのは、ほんとうはどういうことなのかという問いにぶちあたることのようです。

私はどのように育ててきたのだろう。子どもが小さいときから、意識的にしていたことの一つは子どもに「選ばせる」ことでした。人の言いなりではなく、自分の頭で考えて自分のことは自分で決められる子になってほしかったからです。そこには「選ぶ」という行為にたいする私なりのこだわりがありました。

——子どもが小さいときから意識的にしていたことの一つは、子どもに「選ばせる」ことでした

私は小学校四年生から中学三年生まで施設にいました。病棟から廊下を通って学校のある棟へと通うだけの生活でした。行事で外に連れ出される以外、街に出ることはありませんでした。出されるものを食べ、母が持っ

てきてくれるものを着て、決められた日課どおりに暮らす日々は、私を確実に「浦島太郎」にしていました。そのあと、自宅へ帰ってきたとき、自分の着るものを買いに行き、どれがいい？　と言われても、どれがいいのかわからなくて、「選べない」私がいました。街で生きてきたふつうの人たちのように、「自分のものを自分で選んで買う」という経験がなかったからです。この落差に愕然としました。

そんな背景があったので、幼いときからできることならなんでも経験させよう、なんでも自分で選ばせようと思ってきました。でも判断する力が育っていないときから、そうすることは、ただの「わがまま」に容易に転化する危険性もはらんでいたなと、いまになって思います。

そして勉強にかんしても、小学校のときから、宿題はちゃんとやるんだよ、くらいしか言ってこなかった。私としては、勉強なんて自分でする気にならないかぎり、どうしようもない、と、ある時点で達観してしまったような気がします。そんなぐあいで中学三年になり、ついに高校受験が目の前にぶら下がり始めたのでした。

中学校の進路指導は、あくまでも自分の行きたい高校を自分で見つけよう（もちろん成績とのかねあいが前提）というスタンス。そして受験までの大まかなスケジュールが出されました。春から夏にかけて高校見学や高校の説明会に出かけていって、自分にあった高校の目星をつけ、秋からは目標を定めて実力をつけ、冬休み前に志望校を決めて、一月には私立校の推薦入試、二月には私立校の一般入試、公立の推薦入試、三月には公立高校の入試、というふうに進みます。

彼女の場合、スケジュール通りにはいきませんでした。いっこうに進路を決めない彼女に、正直、いらいらしていました。そんなある日、久しぶりに家にいた彼女と高校進学の話をしたとき、突然、「私立へ行きたいんだけど」。公立しか考えていなかったこっちはびっくり。そして十二月、なんとか本人の口からいくつか高校名があげられて、担任の先生によると、「タンガンなら入れます」ということだった。最初、このタンガンという言葉が飲みこめなかった。聞いてみると、単願、そこしか受験しませんということで、優先的に合格させてもらう私立の仕組みらしく、いちおう受験はするが合格は約束されている。それでいくかどうか、親としては即答できませんでした。

自分の実力以上のところを受験するなら、本気で勉強してほしい、そして「やればできる」と実感してほしい。ここで単願を許したら、彼女がこの経験で得るものがなにもなくなってしまう。私はそこまで考えて、不安はあったものの、本人にも単願はだめ、勉強して実力で入りなさい、と伝え、先生にもその旨、電話で伝えました。

そして年が明けて、娘もやっと受験モードに。それからの勉強たるや驚きでした。そして担任の先生からも「厳しいですね」と言われていた高校の一つになんとか受かって、受験の日々もひとまず幕を閉じました。いちばん喜んでくれたのは、担任の先生です。親子そろってはらはらさせてしまいましたから。

いまから思えば、彼女は彼女で、親のあずかり知らぬところで試練をくぐり抜けたのでしょう。高校を決めるのに、さんざん迷ったのも、こちらからは優柔不断としか見えなかったにしても、彼女なりに真剣に考えたからだろうと。あれほどの迷いが、はっきり言って私には理解できなかったけれど、受験の当事者である生徒たちのあいだに、しっかりと貫徹されている高校間の格差たるや、すさまじいものがあるらしく、そのなかに身を置く彼女にしてみれば、私が思っていたように、「入れる高校に入ってそこでがんばればいい」などという甘いものでもなければ、そう簡単に割り切れるものでもなかったのでしょう。

だとしたら、親の私はもっと早くから勉強するようにしむけるべきだったのか？　けれど、過去をやり直すことはできないし、子どもにたいする接し方や方針は自分の経験や考えからしか出てくるはずもなく、そしてそれをそう簡単に変えられるはずもなく、たとえ変えたとしても、しょせん付け焼き刃です。やっぱりこれまで通り、彼女の選択を尊重するでしょう。

私の大好きな人生の先輩、翻訳家のOさんはこんなふうに言ってくれました。

「親はだれでも自分の時代の経験に縛られていて、そこから子どもの受験や進路の問題を見てしまう。だから戸惑いもすれば苛立ちもする。この構図はいつも同じです。……自分の経験からすれば、（子どもの進路の問題にかんしては）親のできることには限界があるし、間違うことがある。それでいいと思います。」

この間のことで私にもたくさんの限界があったし、間違いもあったと思います。そして一つ学んだのは、というより、これから心しようと思っているのは、先回りしてものを言ったり、心配したりするのはやめよう、本人がなにか言ってきたら、そのときに応える、それまでは推測や憶測などせずに待つ、ということです。

この時期、つくづく思ったことがあります。娘の父親である彼がいてほんとうによかったということです。娘の受験をめぐって、あれこれ話し合う人がいなかったら、もっとしんどかったろうと思います。それともう一つ、救われたことがあります。仕事があったこと。毎日少しずつ進めてゆく翻訳の仕事があったから、とにかく気持ちを切り替えることができました。もう一つ別の世界に入りこむ仕事だったからです。私の気持ちではなく、テキストにある筆者の気持ちに入りこまなければいけないからです。

こんなふうに仕事ができるようになるまでには、いろいろありました。子どもがやっと三歳になったころだと思います。翻訳家のOさんがクレヨンハウスでフェミニズムを中心にした翻訳の講座を開くと知って、飛びつくように受講の手続きをとりました。このときの出会いがなければ、いまの私はなかったでしょう。週に一度、青山のクレヨンハウスに出かけるようになって、Oさんと途中まで帰り道が一緒なので、道々、あるいは電車のなかで、話しながら帰るようになりました。

そのうちに彼女が私と同じくらいの年齢でいちばん下のお子さんを産んで、その子育てをしながら、翻訳家になったことを知って、どれだけ励みになったかしれません。と同時に、出産以前に通っていた翻訳の学校でとはまた別の意味で、この仕事の厳しさも学び、「私はまだまだだったんだ、がんばるしかないのだ」と、心を新たにすることもできました。このときが私の第二の出発でした。

このあいだ捜し物をしていたら、古い原稿がたまたま出てきて、そこにこんなことが書いてありました。

「……障害者は人間である。人間が社会的な動物である以上、社会との関係のなかで自らのやりたいことをやるのが生きるということではないだろうか。その自分のやりたいことで稼げるかどうかは二次的な問題なのだ……」

まだ娘が小さかったころ、なにかの原稿の下書きとして、介助論らしきものを展開したこの文章は、いまからみると、やたらと断定的で肩肘張っていて、まるで、あのころのぎりぎりしていた自分の精神状況をとどめているかのようです。

七〇年代の「生きてゆくこと自体が労働だ」とした脳性マヒ者たちの「青い芝の会」（87頁コラム）の主張は、知っていました。そしてそれが、「働かざる者食うべからず」という、大多数が無意識に持っている労働の価値観に異を唱え、重度障害者たちが自らの存在を肯定する「拠り所」になっていたことも。

でも私はなぜか、大人と言われる年齢に近づくころからずっと、「働いて稼げなくとも、仕事はできるようになりたい」と思っていました。私の語感からすると、「働く」というのは既成の労働環境で「働く」こと、つまり外に働きに行ってお金をもらうこと、「仕事」はそれ以外の働き方をする、ということでした。いまから思えば、私のなかで「学ぶ」ことと「仕事」がどこかでつながっていたのです。正規にはほとんど学生をしたことのない私ですが、一人で学びつづけることで、少しずつ人と、あるいは社会とつながってきたような気がするからです。学ぶことには、なにをどのように学ぶかを自分なりに創りだすという側面もあって、仕事も同じではないか、それなら私にもできるかもしれない、そんな漠然とした想いです。

「仕事」を、稼ぐ手段というより、社会とつながる手段と考えていたようです。ところで、だいぶ前に、小倉利丸さんと由香子さんが編集した『働く／働かない／フェミニズム』（92頁）という本を送っていただきましたよね。障害者たちが「働く」ことにかんして何をどう主張してきたかにかんしては、この本にある堤愛子さんの論考「のびやかな〈自立生活〉と〈労働〉をめざして」（二四〇頁）に書かれてあるとおりです。

このなかで彼女は、労働の価値観の変革を提唱し、

（障害者は）生産性を求める労働の場には乗り切れないと開き直った後、本当に自分たちのやりたいこと、必要なことを通して社会参加の場を創りだしてきた。そして〈生計維持のための金〉（この大部分が生活保護であることの是非や、年金額の低さ等、問題は山積みだが）は別のところから支給されている。／私はむしろこのかたちが一般社会に広がってほしい。

としています。つまり「労働」の概念の枠を生産性と効率を求める賃労働から、社会参加や家事、育児、介助を含む、生産性を支える補助的な仕事とされてきたものにまで広げて、生計維持のための金と労働を切り離そうということです。

でも「このかたちが広が」るには、なにをどうすればいいのか？　その意味で小倉利丸さんの個人賃金制という主張を、実現可能かどうかは別として、とても興味深く読みました。

「賃金労働者であろうが、なかろうが、経済的自立が可能な――生活に必要な――貨幣を資本や行政に保障させる」

現状では障害者の暮らしは、まさしく「生計維持のための金」と労働による稼ぎが切れたところで成立しているのですから。

問題は、この「切れている状態」が、社会の側から見れば、あくまでも特例として容認されているにすぎないことです。生活保護や年金、手当といった「生計維持のための金」は、障害者を権利の主体と見なして支給するのではなく、救済的な手段として支給されているのですから。

いまでも忘れられないことがあります。私が二十歳になったとき、「おまえは二十歳になったから、年金をもらえるようになる」と父に教えられ、そのとき直感的に思ったのは、「障害者だという理由だけで、なぜ、お金がもらえるのか、バカにされている」ということでした。そして私は反射的に「いらない！」と応えていたのです。

なんとも若かったのですね。市役所に勤めていた父は、「ああそうか」と言っただけで、私にかまわず、きちんと年金受給の手続きを取って、私名義の口座に振りこまれる年金を何年も貯金しておいてくれたのでした。そしてその貯金は、最初は両親が反対していた私の上京資金になったのですから、両親にしてみれば皮肉な話です。私にしてみれば、ありがたい話でした。

この年金拒否のエピソードは、たしかに若気の至りですが、無拠出で低く抑えられているこの年金にたいして、二十歳の私が感じたことは、それほど的はずれではなかったと思っています。障害者だからというのではなく、別の名目、なんらかの対価の名目で支給されるのが望ましい。生活保護にしても年金や手当にしても、救済的な「福祉」の枠から引き出す必要があると思っています。

そう考えたとき、家族ではなく、「シングルをベースとして、老若男女を問わず個人として自立できる賃金水準を基準」とする個人賃金制は考えてみるだけの価値があると思ったのです。厳密に考えていけば、フェミニストの江原由美子さんが指摘しているように、いまのところ実現性は「ほぼない」だろうとは私も思いますが。

でもこれは、個人賃金制を現体制のなかで一つの社会政策として取りこめるかどうかの問題だと思います。そしてその社会政策に国民の合意が取りつけられるかどうかの問題だと思うのです。そのためのフィクションなり、シナリオなりを描けるかどうかでしょう。それはさまざまな分野に係わる学者たちや実践家たちを含めてみんなが、どのような社会や文化を求め、創造するかを考えるに等しい、困難な作業なのかもしれませんね。

長くなってしまいました。ではまた。

二〇〇二年七月一日　　青海恵子

青い芝の会

脳性マヒ者の団体として一九五七年発足し、親睦や行政への請願・陳情活動をしてきた。六四年、施設に収容されるのではなく自分たちが自主運営する生活共同体マハラバ村をつくる。七〇年、障害児を殺害した母親に「障害児を殺すのはやむを得ない」と同情や減刑嘆願運動が起きたのに対し「『青い芝の会』神奈川県連合会」が抗議。その主張は「障害者を殺すな!」「障害者でなぜ悪い」や、四つのテーゼ「われらは自らがCP者であることを自覚する」「われらは強烈な自己主張を行なう」「愛と正義を否定する」「問題解決の路を選ばない」に表現され、七〇年代の障害者解放運動に大きな影響を与えた。バス乗車拒否への抗議、優生保護法反対に取り組み、各地の会が集まって七三年「全国青い芝の会総連合」が結成される。

横塚晃一『母よ!殺すな』（生活書院）、横田弘対談集『否定されるいのちからの問い』（現代書館）、ドキュメンタリー映画『さようならCP』（原一男監督、疾走プロダクション：『母よ!殺すな』にシナリオ収録）参照。（O）

青海恵子さま ●●●●●

なつかしい本の名前が出てきましたね。

『働く／働かない／フェミニズム』が出たのは一九九一年ですから、もう十年前になります。今から振り返ってみると、小倉利丸さんの「個人賃金制」の提案も、あの本にも収録されている加納実紀代さんの「社縁社会からの総撤退」論も、終身雇用制度が機能していた社会を前提になされていたのだとつくづく思います。

若いときの賃金は低くても、結婚して子どもが生まれてお金がかかるころになると、賃金が右肩上がりに上昇して、妻子を養うことができる。そうはいっても、基本給は低く、扶養手当や住宅手当や通勤手当などの諸手当と残業代を合わせて、やっと生活ができる賃金。当然、残業をするのが当たり前になります。

こうして、男（夫）は会社・工場でめいっぱい働き、女（妻）は疲れて帰ってきた夫のメンテナンスをして翌朝また働けるようにしながら、一方では子どもを産み育てて次世代の働き手をつくる——というふうに、労働力の再生産を担うわけです。

私が育った家族を思い出してみると、まさに夫は会社、妻は家事・育児の性別役割分業が貫徹されていた「労働力再生産」の場でした。

ふだんの日、夕飯までに父が帰ってきて一緒に食事をすることはめったにありませんでした。たまに「きょうは夕飯までに帰れる」という日があると、母は父の好物をつくるのですが、なぜかカキフライを揚げていると、「やっぱり遅くなる」という電話がかかってくるというジンクスがありました。

土曜日も、私たち子どもは学校へ、父は会社に出かけていました。日曜日も父は「セッタイ」で出かける「モーレツサラリーマン」でした。

性別役割分業とセットになった終身雇用制度のもとでは、残業できない労働者、フル稼働できない会社員、そして転勤に応じられない社員は一人前ではないと非難されます。子どもがいる労働者、介護する老親がいる労働者は、保育所やヘルパーの手助けを活用しても、労働時間は短くなってしまい、正社員として働き続けられない（健常者の男性労働者、しかも身の回りのことを誰かがやってくれる人が正社員のモデルなんですね）。

それじゃあ、もっと柔軟な、育児や介助をしながら働き続けられるフレキシブルな働き方ができないものか、という発想が出てきます。その発想を現実化させようとするときに、眼の前に立ちふさがるものの一つに、終身雇用制度がありました。


ところがその後、終身雇用制度は崩壊してきました。それは、家事や育児や介助と両立させながら仕事を続けられるための、あるいは病気がちで病院通いをしながらでも続けられる柔軟な働き方を求める人々の要求が実現したから、ではないんですね。むしろ、経済要因から終身雇用制度が維持できなくなり、コスト・ダウンをはかる目的で正社員以外の働き方（派遣、パート、臨時職員、外注化など）が進んだのです。

たしかに柔軟な働き方とも言えるけれど、それは就業規則や労働者の権利（ほとんど死語？）にとらわれない柔軟さであって、要するに、劣悪な労働条件、働く側からは何も主張できない状態をさしています。

リストラされずに正社員として残っている人は、減らされた人数で多くの仕事をこなさなければならず、ますます長時間労働。

なにが変わったんだろう、とむなしくなります。


性別役割分業にもとづく家族単位の賃金体系は、税制度や年金と深く結びついていますよね。


恵子さんが、二十歳になって「年金をもらえる」と言われたとき、「ばかにされている」と思ったのとは対照的に、サラリーマンの妻である専業主婦が、年金の掛け金を払わなくてよくなったり、税金の配偶者控除《こうじょ》で夫の税金が少なくなったりしたとき、「ばかにされている」とは思わないでしょうね。むしろ、「内助の功」を国に認めさせた、自分の再生産労働が、ちゃんと評価された、と感じるのでしょう。

『税理士が見たジェンダー』（92頁）という本を読んでいたら、扶養控除の歴史が書かれていました。少し紹介しますね。

扶養控除が創設されたのは、一九二〇（大正九）年。このときは、夫に扶養されている収入のない妻は、扶養対象にはなっていなかったそうです。

ではだれが対象かというと、十八歳未満か六十歳以上の者、そして障害をもつ人、つまり子どもと老人と障害者でした。

その後、大きな制度改正があったのは一九四〇（昭和十五）年で、このときに初めて、配偶者が扶養控除対象になります。ちょうど戦争が激化して戦費を調達したい時期で、課税対象の範囲を広めるのと同時に、その不満を解消するために、配偶者を扶養控除の対象にしたとか（アメとムチですね）。

戦後の混乱を経て高度経済成長をつきすすむ一九五九（昭和三十四）年に、当時増えてきたサラリーマン世帯の主婦の貢献を認めるものとして、配偶者の控除額が、他の子どもや障害者などの控除額より高く設定されました（これって、私の生まれた年ですわ）。

さらにその二年後、配偶者だけをほかの被扶養者から別にして、新たに配偶者控除を創設。妻は単なる扶養者ではなく、「所得形成上大きな貢献をしている点を考慮」しての制度変更でした。

このときの税制改正と呼応するようにして、教育の現場でも性別役割分業にもとづく教育が積極的に行われ、中学では家庭科の男女別学、高校では女子のみ家庭科必修になります。

そして、一九八七（昭和六十二）年、配偶者控除に加えて、配偶者特別控除が創設されました。一〇三万円の壁を越えると世帯の収入が減ってしまう「逆転現象」を解決するためという名目でした。でも、この年は消費税の施行が予定されていたので、その不満をそらすためとも言われています。

『税理士が見たジェンダー』の著者、山崎久民さんは、こうした配偶者控除によって、結局のところ夫の固有財産が増えるだけだと指摘していますす。いくら「私のものは私のもの、夫のものは私のもの」「内助の功や家事・育児労働が国に評価されているんだ」と妻が思っていても、それは主観的・希望的な思い込みにすぎない。夫婦の関係が悪くなってしまえば、法律上は「私のものは何ひとつない」のだそうです。

「夫のため、家族のためと働いてきた自分の労働が、結果的に夫の財産を増やすことに貢献するだけで、自分名義の財産取得の権利につながらない性別役割分業の社会システムでいいのかどうか、当事者である女たち自身が、まず問うべきではないだろうか」と書いています。

国民年金も税制とリンクしていて、サラリーマンの妻（扶養控除内）の場合、国民年金の掛け金がいらないという「第三号被保険者」制度ができたのは、一九八五（昭和六〇）年のこと。

それまでは専業主婦でも自分で保険料を払っていて、私の母も、これは自分が働いている分から払っているのよ、みたいなことを言っていたことを覚えています。つまり、専業主婦だった母は、夫の給料のうち、ある部分は自分の家事・育児労働分だと見なしていたのですね。そしてある意味で、「自分は働いている」と認識していたわけです。

「二人三脚」という言葉を母がときどき使っていたことを思い出します。彼女にとっては、性別役割分業は二人三脚だったようで、それぞれが得意なことをしているんだからいいじゃない、と言うときもあれば、専業主婦のむなしさ（まさに、ベティ・フリーダンの『女らしさの神話』の世界）を感じさせるときもありました。きっと、揺れていたんですね。

仕事をするとは、社会につながること、という恵子さんの言葉を読みながら、母のしていたことを考えていました。内職をしたり、反物を仕入れて売ったり、趣味の世界でがんばったり、外に働きに出たり……いろいろしていたなあ。母に反発して違う生き方をしているつもりだったけど、私が試行錯誤しているのと、案外、変わらないのかもしれないな、なんて思いました。

個人賃金制から、私は姓の問題を連想します。

これもまた十年くらい前、夫婦別姓運動が盛り上がり、民法が変わるかもしれない、と思える時期がありました。

このまえ、久しぶりに再会した人と、「まだ議員になってなかった福島瑞穂さんがパネラーの、夫婦別姓の集会で会ったんだよね」と、年月がすぎゆく速さにため息が出ました。彼女は、乳飲み子をかかえながら、国会への請願運動を精力的にやっていた人です。

あのころ、選択的な夫婦別姓制度が成立していたら、性別役割分業にもとづく夫婦＋子どもの標準モデルこそが正しい家族、家族でワンセット、という発想は、もっとぐらつき、賃金や税金も世帯単位という政策も、ずいぶん変わっていたのではないかと思うのです。

夫婦別姓運動が盛り上がるにつれて、危機感を抱いた国会議員たちが、別姓にすると日本の伝統的な家族がこわれる、夫婦の絆が破壊されると、猛然と反対を始めました。

今にして思えば、夫婦別姓をつぶしたことに勢いを得て、その後、男女共同参画の主張に、「マルクス主義フェミニズム」「ジェンダーフリー」とレッテル貼りをしながら、ここ数年のフェミニズム叩きへとつながっていったのだと思います。

フレキシブルで柔軟な働き方が、いつのまにか不安定で劣悪な働き方にすりかわってしまったのも、この過程と重なっているのかもしれません。ずるずると、ひどい状況になっていく今の不気味な兆候は、あのころからあったのでしょうか。

歩いていても自転車に乗っていても、金木犀のいい香りがしてきます。この香りがすると、まもなく、近くのお寺さんで「お会式《えしき》」というお祭り。去年は下の子と一緒に見に行ったけど、今年はもう友だち同士で行くだろうな。

お会式を過ぎるとだんだん寒くなります。お互い、体調には気をつけましょう。

二〇〇二年十月八日

大橋由香子

働く／働かない／フェミニズム
～家事労働と賃労働の呪縛?!

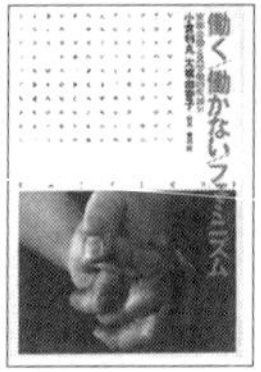

小倉利丸・大橋由香子編著／青弓社、一九九一年。お金にならない家事・育児と賃労働との不思議な関係を多面的に追求した書。大橋の第二子妊娠中に編集。（O）

税理士が見たジェンダー

山崎久民著／ユック舎、二〇〇〇年

「迷惑」をおそれていたら私は自分を生きられない

きびしいまなざしを受け続けたくらしのなかで

インタビューに答えて・青海恵子

まとめ・大橋由香子

初出＊
『ちいさい・おおきい・よわい・つよい』46号掲載
（特集・迷惑をかける親？　図々しい親？）
2005年2月号・ジャパンマシニスト社

歩けない私の人生を閉ざすもの

私は子どものころにポリオにかかったので、歩いた記憶はまったくないんですね。小学四年生まではふつうの学校に行って、養護学校へ入り、中学卒業と同時にうちへ帰ってきました。施設にいた空白の何年間かで、地域とのつながりはきれいさっぱりなくなりました。

そんな十代後半のある日、施設の指導員の人が中学時代の同級生と一緒にうちに遊びに来ました。夕方になって「一緒に街に行こう」ということに。私はルンルンとして、母親に「行ってくるよ」といったら、母が「迷惑かけるからやめなさい」といったんです。「なにこれ？」と思った。この論理でいくと、私は一生どこにも出られないじゃないか。これが、「迷惑」という言葉を拒否した最初だったと思います。

母は、私が歩けないことによって世間様に迷惑をかけてはいけないと思ってがんばってきた人。その彼女の常識からすれば、ごく自然な反応だった。けれど私は、連れていってくれるという人に連れていってもらうのがなぜ迷惑になるのか？「これだと私の人生は閉ざされる」ということが見えた。これは強烈な経験としてあります。

十代のころって、自分が将来どうなりたいかというイメージを、みんなもちますよね。私にもありました。それは世の中が障害者に期待する役割――ひっそりと迷惑をかけずに生きなさい、そうすれば死なないぐらいにお上は助けてあげましょう――とはちがっていた。

私は、なにか一生できる仕事をもちたかった。ただ世話をされて一生終わるのは、ごめんこうむりたかった。そのためにはなにをしなきゃいけないかを考えて、故郷の青森から東京にきて、翻訳の勉強をして仕事をした。結婚もして、子どもも生まれました。

その過程で、常識というものを、私は全部疑ってきました。正面きって常識をどうにかする力はないけど、私は別なふうにやるよ、という積み重ね、それだけです。

障害者は〝存在自体が迷惑〟とかいわれるけれど、私は迷惑をかけてると思ってないし、段差があって車椅子で移動できないときなど、〝社会が私に迷惑かけてるよ〟と感じる部分もある。人によって、迷惑と思うことはちがうというのが前提にありますよね。

「え、あんたが子どもを産むのか」？

十八年前、妊娠して産むことにして、福祉事務所にいろいろな手続きをしに行ったとき。職員が「え、あんたが子どもを産むのか」という、ほんとに露骨な対応をしました。そういう常識につきあっていたら、私は生きていけないわけです。自分はどうしたいかというものさしで考えていくしかない。

社会が規定することをそのまま受け止めたら「私は迷惑な存在だ」と思うしかなくなるけど、そんなことできるわけない。小さいときから、〝まわりが投げてくる視線〟をどう受け止めて、どうひっくり返すかに私の人生がかかっていました。それが如実に現れたのが、子どもを産むか産まないか、産むとしたらどうするかということです。

「他人」が入ってくるのはいいことばかりじゃないが……

子育てもそうでした。私の場合は、ヘルパーさんやボランティアの人たちといっしょに子どもを育ててきました。生まれて約二年間は、子どもを抱いてくれる人、私の車椅子を押してくれる人がいないと外に出かけられないので、移動はほとんど車で電車に乗ったこともない。このように、みなさんの子育てと私の子育ての経験は、かなりちがっていると思います。

公園デビューをするような場所にも一人では行けない。地域でのつながりは、子どもを預けた共同保育所や小学校のお母さんたちとの中で、ちょっとはできたかなというかんじです。

つれあいは松葉杖を使っていて、外に仕事に行くので、泣きやまない娘とふたりきりで、途方にくれるときもありました。保育園に行くようになってからは、ヘルパーさんやボランティアに家に来てもらう機会もへりましたが、それでも、親子二人っきりの閉塞感からはまぬがれていたと思います。

ヘルパーさんやボランティアがかかわることで、穴がいっぱいあいて風通しがよかった。もちろん、介助という形で「他人」が入ってくるのは、いいことばかりではない。ものごとは、なんでもそうでしょう？　メリットとデメリットがある。ただ、孤独な子育てに陥らずにすんだのはたしかです。

本来、子育てというのは、母親だけでできるものじゃないと思います。それを家族という枠のなかでうまくやろうとするから汲々《きゅうきゅう》としてしまう。「もっといっぱい窓を開けよう！」といいたい。

auのコマーシャルに「なにっ!?」

もうひとつ、子どもというものをどう見るか。子どもはうるさいものだし、泣くものだし、いやなことはいやと自己主張するものだし、親のいうとおりにできるわけない。子どもが泣いていても、まわりの人の「そうよねえ、子どもは泣くもんよねえ」というまなざしがあれば、母親たちもそんなに「迷惑かけないようにしよう」と思わなくてすむはずです。

子どもをまわりがどうとらえるかで、親のたいへんさは変わってきます。ａｕのコマーシャル（＊）を見たとき、「なにっ!?」と思ったもの。ヘッドホンをつけさせてまで赤ん坊をだまらせたいかっておどろいた。それは、泣かせるとまわりの視線が痛いからじゃないですか。もし「泣かしときな」という視線があったら、ずいぶん楽になるでしょ。あんなCMを思いつくこと、そういう発想をすることじたいがこわいと感じます。

少子化、少子化と騒ぎつつも、ちっとも子どもを大事にしている社会じゃないし、子どもを育てている女の人たちを大事にするようなコミニティづくりの方向へは全然進んでない。

そういうなかで迷惑というのを考えたときに、弱い立場にいる人が〝自分たちが迷惑をかけている〟と感じさせられる側面はたしかにあると思います。

軌道からちょっとはずれて見てみる

視線が痛いという意味では、車椅子に対しては、この十年の変化は大きいです。七〇年代、八〇年代はじめあたりは、車椅子で町を歩いたり電車に乗ったりするだけで、もうたいへんでしたから。それはハートビル法（＊＊）、交通バリアフリー法という法律ができてシステムがちょっとずつ変わった。それによって、人々の視線もやわらかくなってきたように感じます。

一方で、子どもに対する視線がきびしくなっている背景には、都合のいい子どもを育てたい、従順な大人をつくりたいということがありそうな気がします。

憲法や教育基本法「改正」の動きは、最終的にこの国を「戦争のできる国」にしたいのだと思います。そのために地域単位・家族単位で管理を強めた、という意図があると思います。そのなかに子育ても入っているということ。だからますます子どもを見る目はきびしくなっていると思います。

つまり、管理しやすい子どもたちに育ってほしいわけだから、それに都合のいい教育や保育を考える。それがさらに家庭のなかにも入ってくる。

社会、地域、学校の枠組みとか、いろんなものが全部つながっているんですよね。だから、自分が迷惑をかけてると思ったときや、迷惑をかけられたと感じたとき、「なんで私、このことを〝迷惑〟だと思うんだろう」と考えてみてほしい。そうすると別の見え方がするんじゃないか。

だれがこれを迷惑だといったのか？　どこで私はそれを迷惑だと思ってしまったのか？　そういうことを、軌道からちょっとはずれて見てみることが大事じゃないかなと思います。すると、いろんな子育てをしている人が、いっぱいいることに気づくかもしれない。

小さくならないための親のかかわりあい方

生活や育児はこうあるべきだと自分でガチガチにこだわりすぎると、その基準から少しでもはずれることを〝迷惑〟と感じてしまうのではないか。学校の時間割のように、月曜日の一時間目はお散歩、二時間目はこれ、あしたは○○があるから××を用意してというスケジュールがバーンと決まっていると、「ちょっとぐらい夕飯が遅れてもいいじゃん」とは思えないですよね。ギリギリしなくていいんだ。迷惑かけないようにと小さく小さくなる必要はないんだと。

いまの基準に疑いをもった人たち同士で、その先をどうしたらいいか考えられるといいですね。世の中のしくみとか価値観はすぐには変わらないから、地域というネットワークだけじゃなくて、同じ価値観をもっているような親同士でつながりあって、自分たちがどんな子育てをしたいのか、それを実現する方向を考えられないかなと思います。

子どもは育つ力を自分でもっています。親にできることなんて、たかがしれてるなって、娘が十八歳になって思うんですよ。ただし、これは過ぎてきたからいえること。渦中にいるときには責任感いっぱいで、「私がなんとかしないと、この子は……」と思いつめてしまいます。

私の場合は、幸か不幸か、物理的なこともいろんなこともふくめて、自分の手だけでは子育てできなかったので、子どもは育つ力をもっていると早くから思うようになりました。

私に子育てのポリシーがあったとすれば、自分でものごとを選べる子にしたいということ。だから小さいころからかならず選ばせてきた。それがいきすぎて困っちゃうこともありますけどね。自分で選べるようにするってことは、自分の主張を通すこと。それは一歩まちがえれば、ただのわがままにもなるわけで、そういう一面も育てたかなとも思います。

でも、どういう育て方をしても、メリットとデメリットの両方がかならずある。いい子に育てられたとしても、じつは人のいいなりになったり、自分で考えることを放棄したりする面もあるかもしれない。完璧な親がいないように完璧な子どももいない。

だから、もっと子どもを信じよう、といいたい。子どもは子どものかかわりのなかで大きくなっていくんだから、親は親のかかわりのなかで大きくなっていくほうが、おたがいにいい。それには〝迷惑〟を疑ってみることだと思います。

＊携帯電話会社の「au」のテレビCM。空港のような場所でぐずる赤ちゃんにヘッドフォンをつけ、オレンジレンジの「花」という曲を聞かせると、すっと泣きやみ眠ってしまうというCM。

＊＊「高齢者、身体障害者等が円滑に利用できる特定建築物の建築の促進に関する法律」（二〇〇三〈平成十五〉年四月一日施行）の略称。多数の者が利用する建築物等を建築する者に対し、障害者等が円滑に建築物を利用できるようにすることを義務あるいは努力義務としている。

記憶のキャッチボール

第３章　2003.1～2004.6

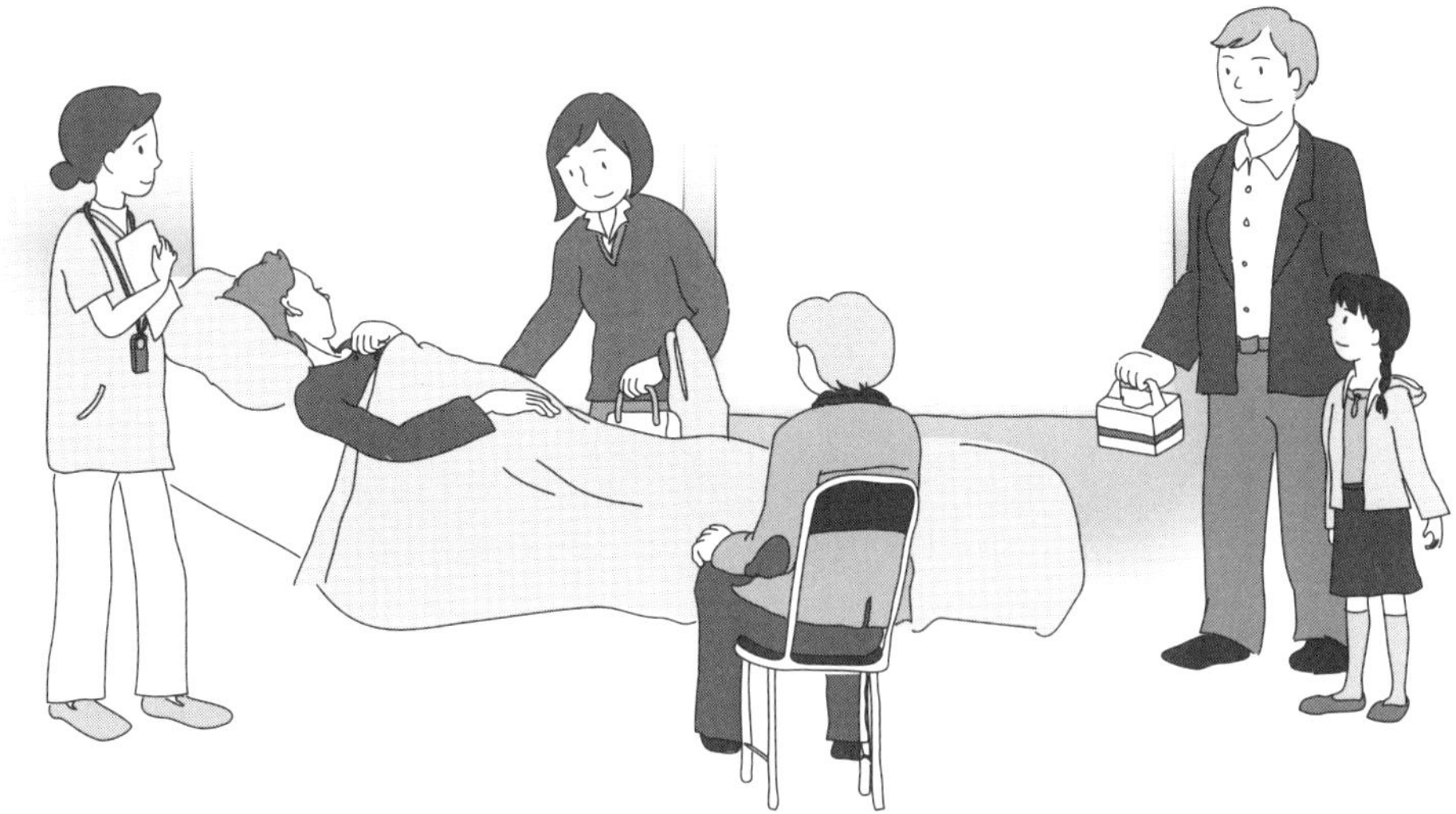

大橋由香子さま ●●●●●

暮れには、『乳がん』〔104頁〕の本と乳がんにかんするコピーをありがとう。でもすぐには読めませんでした。乳がんとわかったからには、ちゃんと読んで治療に備えるべき、と頭ではわかっていても、その気力がなかなかわきませんでした。なにも知りたくない、なにも考えたくない、というのが当初の心境でした。

年内に一度、血圧のコントロールのお薬をもらっている近所のK病院に診察に行こうと思って出かけたのでした。携帯の待ち受け画面がクリスマスツリーに勝手に変わっていました。そう、クリスマスイブだったのです。いつも診てもらっている内科の医師に、春あたりから、ずっと気になっていた乳房のしこりのことを、夏にも一度訊いてみたけれど、もう一度言ってみようとフッと思ったのでした。

医師は触ってみるなり、「これはあんまりいいものじゃないような気がする。外科にカルテを回しておくから、待合室で待ってて」と言う。一瞬、イヤな予感が。外科から呼ばれ、入ってゆくと若い医師が診察し、「Y先生を呼んで」と看護師に指示し、即CTスキャンの検査にまわされました。「息を吸って、はい、吐いて、そのまま停めて」の指示が何度かあって、検査台に寝ている私の胸部が小さなトンネルを行き来してCTが撮られ、結果が出るまでもう一度、待合室で待ちました。

時計は五時半を過ぎている。しばらくしてまた呼ばれ、今度は別の部屋でさっきの医師とは別の中年の医師が、撮影されたCT画像を見ながら待っていました。

「乳がんですね」と、一言。

「やっぱり」と私。

予感していたからか、そのときはきわめて冷静でした。画像を示しながら

「ちょっと大きくなっているので、お正月明けに早めに入院して手術した方がいいです。乳がんはちゃんと治る病気ですからね。心配はいりません。ご家族にも説明したいので、二日後にもう一度来られますか……」

入院、手術、と聞いて、二月に迫っているフットルースの交換プログラ

ムのことが頭をかすめ、

「手術は二月の半ばじゃいけませんか?」

「ぼくの姉だったら勧めませんね。」

そうか、この人は私より若いんだ、などと余計なことを思っていました。

とにかく二日後に来ることを約束して、病院を出ました。外はもう真っ暗。薬局に寄って、彼のいる職場に行って、それから家に帰ってきました。

翌日になると、「きわめて冷静」だったはずの自分が、どうっと落ちこんでいました。その勢いで、由香子さんに「乳がんだって」というメールを思わず書いてしまいました。そして数日後に『乳がん』の本が届いたのでした。なぜかこわくて、ページを開けられませんでした。なにも知りたくない、なにも考えたくない。そんな気分がつづいていたからです。

別の病院でも診てもらおうよ、という彼の言葉にも反応は同じでした。このままじゃいけないとも、心の隅で思いながらも、なにも考えたくなかった。

暮れも押し詰まっていたし、どこのどんな病院に行くかを考えて行動を起こすことがとにかく億劫だった。家に引きこもって、じとーっとしていたかった。それでも以前からの約束は破るわけにもいかず、誘われていた忘年会に出たりはしていました。なにもなかったような顔をして。その底で、入院するまでに私がしておくべきプログラムの準備と、引き継ぎの段取りを考え、だれにいつ事情を話すかは計算していました。

ある忘年会の帰り、電動車椅子で帰ってくる途中、そんなに飲んでいたわけでもないのに、目測を誤ったのか、街灯の柱に激突してしまいました。翌朝、見たら膝の横がひどい青あざになっていました。やっぱり動揺していたのかなあ。

鬱々《うつうつ》として迎えた新年、やっと『乳がん』の本を読む気になりました。もうすでに手術は一月二十一日と決まっていたし、正月明けの検査の予定も組まれていましたから、そのときにあわてないためにも、いつまでもぐずぐずしてはいられないと。この間、少なくともK病院のY医師の態度は、わからないことはなんでも質問して下さい、という好感の持てるものでした。

この本でわかったことは、乳がんは外科か放射線科が診るということ。

そうか、夏に内科の医師ではなく、外科の医師に診てもらうべきだったのだと。専門外だから、よく触らないとわからない段階では、歯牙にもかけないはずだった。それから、患者としての基礎知識、乳がんの手術方法、術後の治療方法。それまでY医師に説明されたことが、ああ、あれはこのことだった、これはこのことだった、とすべて納得がいきました。そういう意味でこの本はとても役に立ちました。ありがとう。それだけでなくインターネットでも乳がんを検索してみました。

そしてわかったのは、Y医師の提示している手術法、術後の治療法にたいする説明は、きわめてスタンダードなものだということ。つまり、乳房《にゅうぼう》温存術をするには、しこりがちょっと大きすぎる（三・五センチ）から、胸筋《きょうきん》温存の乳房全摘手術をし、術後の検査を経てからその後の治療方針を検討する。

インターネットでさらに調べて思ったのは、同じことでも、どういう立場で書かれているかで、受ける印象は違うということ。そうなれば、自分がいま係わっている医師と病院をどう自分で評価し、治療にかんしてなにをどう選択するかの問題に収斂されてきます。

この本は、乳がんの経験者と放射線科の医師が、いま標準的に行われている治療法を、どちらかというと見直す、患者としてきちんと医療を選ぼうという視点で書かれています。つまり乳がんを通りすぎてきた人たちと、外科とは別の新たな放射線による乳房温存術をもう一つの道として提示しようとしている医師の視点です。さなかにいる私にとっては、冷静な判断をするにはしんどい部分もありました。結局なにをどう選んでも、それなりのリスクはあるということだけはわかりましたから。

私がこだわったのは、乳房温存よりも、術後の自分の状態がどうなるかでした。

乳がんは左胸、リンパ節郭清《かくせい》もする。私は基本的に左腕と左手を軸にからだを移動させます。だからそれができなくなると、かなり動きが制限されます。胸筋は残すという説明でしたが、そこらへんをもう一度、医師に確認すること。それから手術がうまいかどうか、でもこれはどうやって確認すればいいのか……!?　そしてセカンド・オピニオンはやっぱりとろう！

そこまで考えて、細胞検査の日、病院に行きました。この細胞検査、長くて太い針を乳房のしこりに突き刺して、液を吸い出すもの。看護師が私の身体を押さえ、医師が巨大な（と私には思えた）注射針を持ち、「ちょっと痛いです」と言う。実際には、「ちょっと」どころではなかった。

処置を終えてY医師と向き合い、まずは一点目を訊くと、胸筋は残すので、術後しっかりリハビリをすれば元通りになるから、心配はいらないとのこと。セカンド・オピニオンをとりたいので、検査結果を貸して下さいというと、実に快く承諾してくれました。ちょっとドキドキだった私は、へえー、病院も変わってきたんだな、と思ったものです。

紹介状を書いておきますから、どこの病院に行きますか、と訊かれたので、心当たりもなかったので、一応この本を書いた放射線科の医師の名を出すと、Y医師は、「ああ、あの方ね。いま診療をやってないんじゃないかな」、とつぶやかれた。その言い方に、そうか、外科と放射線科はあまり仲がよくないいんだなと思いました。

「どこに行くとまだはっきり決めているわけでもないので、どこでも通用するように、お願いします」というと、「わかりました」とのことで、私は何気なく訊いてみた。

「乳がんの患者さんは多いんですか？」

すると「ええ、多いですよ、国立がんセンターに行って、元の病院で手術を受けなさい、と帰される方たちも多いんです」とのこと。ということは、手術の経験は豊富ということ？　次回に検査結果をそろえておいてくれるということで、「心配なことがあったら、いつでも電話を下さい」という一言を背に、私は診察室を出ました。

セカンド・オピニオンをとるといっても、あまり日数は残されていなくて、けっきょく近くのT医大へ行って、Y医師の診断と同じものをもらって帰ってきました。そしてこれまでの医師の対応もよかったので、このままK病院に入院してY医師に手術してもらおうと決めたのでした。ちょっと不安なのは、病棟を見ていないということでしたが。

この間のことで思ったのは、インフォームド・コンセントには、患者側の気力が必要だということです。私の反応がまずそうだったように、乳がんだという、その事実だけですでに気力が萎えてしまうので、よほどしっかりして、あちこちから医師以外の情報をとる気力がないと、ほんとうの意味でのインフォームド・コンセントはむずかしいということです。すべてを医者に預けてしまいたい気分に、一瞬、襲われてしまうこともあります。その方がずっと楽だと。

なにはともあれ、もうすぐ入院です。携帯電話もパソコンも使えない入院生活ですから、しばらくシャバとはおさらばです。入院は娘を産んだとき以来、手術は子どものとき以来です。せいぜいおもしろそうな本を持っていきます。お薦めの本があったら貸して下さい。退院して落ち着いたら、また書きます。

二〇〇三年一月十六日

青海恵子

乳がん
〜あなたの答えが見つかる本

女性のからだ応援シリーズ『乳がん　あなたの答えが見つかる本』近藤誠・乳がん体験から医療を考える会　イデアフォー著／双葉社、二〇〇二年。患者グループと医師とが一緒につくった本。

乳がんは女たちをつなぐ

大津典子著／藤原書店、二〇〇六年。京都の乳腺クリニックでの入院患者どうしの交流、助け合いを描いた本。

(O)

青海恵子さま ●●●●●

手術が成功したということを聞いたあとなので、こうして書くことができます。「おかえりなさい」と声をかけたい気分です。ほんとに大変でしたね。その後、体調はいかがですか?

娘さんが高校に入学して一安心したあと、フットルースの交換プログラムの準備で忙しくしていた夏のあいだに、ガン細胞が成長していたとは!

病名を告げられて「頭がまっしろになった」という話をよく聞きます。病院の帰り、どうやって電車に乗って道を歩いて帰ってきたか覚えていない、と私の母も言ってました。だから、「乳がんです」と言われて冷静だったという恵子さんの言葉は、ちょっと意外に感じましたが、翌日からどーんと落ち込んだというのを読んで、そうだよね、どこにも出たくなくなるよね、と思いました。

手術の前の日、神妙な気持ちでK病室を訪ねたとき、恵子さんのベッドが空っぽ。「どこに行ったんだろう?」と探したら、透明ビニールで囲われた畳半畳くらいの狭い喫煙コーナーで煙草をすっていたのには苦笑してしまいました。正直、あした手術というあなたに、どんな言葉を発したらいいかわからなくて、我ながら、なんだかぎこちないなあ、と感じました。「無事に」とはいっても、手術のダメージは、さまざまな面で影響を与えるでしょうし、「転移」という恐怖もあるのでしょうし、経験のない私は、恵子さんの気持ちをあれこれと想像してみますが、ほんとのところは理解できないのだと思います（でも、ちょうど十二月に、冷え＋疲れ＋重いものを動かすという三拍子がそろって、ぎっくり腰になり、痛み止めの太い注射を打たれ三日ほど動けない状態になったので、ふだんの私よりは少しだけ想像力が働いたと思うのですが……）。

年末から年始にかけて、ちょうど自分のガン体験を綴っていた毎日新聞の記者が亡くなりましたね。そういえば、メール通信を送ってくれるAさんも乳がんで入院していたそうだし、そういえば、子どもの通う小学校の母親も、三十代で乳がんで亡くなったんだ、そういえば、恵子さんも私も一緒に北京女性会議に行ったTさんが、ガンではないけれど急に亡くなってしまったんだ……、いろいろな人のことが思い浮かびました（こう書きながら、「死」という言葉を出すことにためらいも感じつつ……）。

そういえば私も……。

子どもの怪我で近所の病院に行ったら「ついでにお母さんも乳房検診を受けたら? 今なら無料だから」と誘われ、おじいさんドクターが触診をした結果、「うーん、このしこりは、乳がんの可能性が高いなあ」とつぶやくように言いました。「え? ウソでしょ」と思いましたが、やはり大きな病院でも見てもらったほうがいいと考えて、どの病院にするか少し調べ、人にも聞いて悩んだ末に、電車で一時間くらいかかる病院の乳房外来科に行ったことがありました（そのときの候補病院のひとつに、恵子さんが書いていた有名な放射線科の医師も入ってます）。

選んだ病院は、友だちが通ったことがあるという大学病院で、その日はちょうど女医さんでした。触診しながら、「どれがしこりですか？」と逆に聞かれ、「え？」と肩透かしをくった気がしました。超音波での検査もしたあと、「おそらく乳腺をしこりと間違えたのでしょう」という女性医師の言葉にホッとしたものの、「一応、半年に一回くらいはきてください」と言われました。いま、診察券をみてみたら、もう七年も前のことでした。その後、一度も行ってません。

あのときは、自覚症状は皆無で、医者が「しこり」といったのも、月経前の乳房の張りにすぎないだろうと楽観的になれる材料もあったので、病院を調べるにも、まだまだ元気がありました。

恵子さんの手紙を読みながら、「ほんと、ほんと」と頷いたのは、セカンド・オピニオンをとりにいくにも、情報を集めるにも、気力やエネルギーが必要だということです。

考えてみれば、元気で働いている人間（医者や看護師）と、からだの調子が悪くて気弱になっている人間（患者）とでは、まずそこで状態が違います。さらに、向こうは専門知識をもち、こちらは素人、しかも、むこうにとっては日常業務、こちらは非常事態という立場の違いもあるので、インフォームド・コンセントは、簡単ではないですよね。

十年近く前になりますが、父が病気したとき、手術結果と今後の治療方針について家族に説明するというので、気張って出かけたことがあります。でも、抗がん剤の名前や特徴について、懸命にメモしたつもりだったけど、あとになってその紙をみると、字がミミズのようにうねっていて、結局よくわからなかったことを思い出します。

母にきくと「え？　あんたがメモしてるから大丈夫だと思って、なんにも覚えてないわよ」と言うし、私は「えー？　ウンウンわかったように頷いてたじゃない」と言い返し、醜いなすりあいになりました（もっと勉強すれば、それなりにわかるのかもしれないけど）。

専門家がじゅうぶんな説明と情報提供をして、当事者（患者）がそれを理解して納得して、治療法などを選択するというのが「インフォームド・コンセント」のはずですが、たとえば「説明」の時点で、聞く側が理解できる、わかりやすい言葉でなされているか、医師がすすめる治療法に有利な情報に偏っていないか、そして、聞く側もそれなりに勉強しているか、など問題は山積みでしょう。

そういう点で、恵子さんの選んだK病院の医師は、けっこうよかったわけですね。「こんなこと聞いたら怒られちゃうんじゃないか」などと気を遣うのは、年齢が上の人に多く、若い世代は平気で質問する、という話もきいたことがありますが、年代の違いばかりではないでしょうね。

さて、私はここ数年、病院のお医者さんに取材して記事にするという仕事もしています。小児科・産婦人科関係が多く、乳がんについてはまったく知らないのですが、患者・利用者、あるいはその家族としてではなく、仕事で病院に出入りしていると、とても不思議な気がします。

医師・看護師・検査技師などの専門職、あるいは受付や清掃など、そこで働く人にとっては、病気は日常的につきあっている、扱っている仕事そのものであり、病院は毎日通う、慣れ親しんだ職場なわけです。休憩の時間にはお茶も飲むし、上司の悪口や、困ったお客（患者）の愚痴を同僚と言い合う……働く人にとって当然の日常があるわけです。

一方で、病院に勤務していない人にとっては、病院というのは、かなり特殊な場所で、急なとき、大変なとき、何かトラブルが起きたときに行くところです。しかも、「病気を治してくれる」という意味で神聖なところであり希望を託す場でもあります（だからこそ、医療ミスに驚くわけです）。

医療側の人も、医療サービスを受ける（利用する・購入する）側も、そうした圧倒的な感覚のちがいを、もっと自覚したほうがいいと思うのです。

うまく具体例がみつからないのですが、医療者は慣れすぎてるし、患者は遠慮しすぎていると思います。患者といえど、長く利用していると賢く利用できるようになるんでしょうけどね。恵子さんは、入院生活でどう感じました？

もうひとつ、子宮の病気についての取材をしていて感じるのは、「子宮」という臓器、あるいは象徴としての子宮へのイメージが、病気とつきあい、治療を受ける際にどう影響するかということです。

女の子宮は子どもを産むためにある、だから、子どもを産み終わった女性、産まない（産むべきではない）女性の子宮は取ってもかまわない、という風潮があります。また、そもそも女性特有の臓器ゆえに軽視される傾向も否定できません。富士見産婦人科病院事件*のように、儲けのために病気ではない子宮が摘出されたり、月経の介助が大変だから、あるいは妊娠したら困るからと障害者の子宮が摘出されたりということが、この日本でも起きていました（まだ過去形にできないかもしれません）。

子宮筋腫《しきゅうきんしゅ》の場合、筋腫（コブ）がある一定の大きさ以上になったら取るという治療法がなされてきた時代があり、そこでは「この患者はもう子どもがいるから、取ってもいいだろう」という医療者の常識が反映していたと思います。日常生活でどの程度つらい症状があるのか、子宮への思いはどれくらい強いのかといった、本人のからだと気持ちは二の次にされてきました。

富士見産婦人科事件が明るみになった一九八〇年代になって、七〇年代のウーマンリブの蓄積のうえに、女性の視点から医療を見直す活動が活発になってきました。その影響で最近は子宮筋腫のスタンダードな治療法も、かなり変わってきました。ガンではないという診断がえられたら、筋腫を切るか、それとも筋腫をかかえたまま対症療法や体質改善などの付き合い方をするかは、「自分がどうしたいか」を基本に選んでいく。その人の人生設計（赤ちゃんや仕事のこと等）、子宮への気持ち、症状の重さとのかねあいで考えていくというふうになってきていると思います。もちろん、筋腫の位置や大きさによって、選べることには限りがありますが。

そこで、やっぱり大きいなと感じるのは、子宮という臓器への思い、です。

胃や胆嚢《たんのう》などの消化器に病変ができたから切除する、という大変さとは、ちょっと違う意味あいが付加されていますよね。

女であることと深く結びついている。だから、その喪失に対する自分の気持ち、周囲の見方にも、独特の何かがからみあってくる。さまざまな意味で、女であることの象徴になっている。これは、乳房にもあてはまるのではないでしょうか。

もちろん、あたりまえのことですが、「子宮／乳房を取ったら女じゃなくなる」わけではありません。でも、妻が子宮を取ることになった夫が「要するにドライフラワーになるってことですね」と医師に言ったという話もあります。そのような女への視線も、まだまだ存在しているわけです。とくに子宮の場合は、産める・産めないということに直結するだけに、意味するものが大きいのでしょう。

恵子さんの場合は、しこりが大きくなっていて、温存手術のことはあまり考えなかったとのことですが、このあたりのことについては、どのように感じたのでしょうか。いつか聞かせてください。

なんだかきょうは、重大な告白をきいて妙に饒舌《じょうぜつ》になってしまったかんじです。

イラク攻撃が始まってしまいました。

この冬は、積極的に運動に関わっている人ばかりではなく、運動とは全く別世界のような仕事関係の人、同窓会関係の人からも、なんとかブッシュの攻撃を止められないかという呼びかけのメールが送られてきます。「なんとかしたい」「なにかできることはないか」という気持ちが、その行為から伝わってきました。

それだけに、攻撃を止められなかったという、どうにもならない無力感が、それらの人たちの心の奥底にずーんと沈んでいることを感じます。私もそのなかのひとりです。桜が咲いていても、なんだかウキウキしなかったのは、そのせいでしょうか。「小学生の親」から完全に卒業したという一抹の寂しさも影響しているかなあ。

二〇〇三年四月二十四日　　大橋由香子

＊富士見産婦人科病院事件

一九八〇年、富士見産婦人科病院（埼玉県所沢市）理事長が、医師資格なしに超音波断層の検査を行ない、「子宮が腐っている」「卵巣が腫れてぐちゃぐちゃだ」と患者に言い、健康な子宮や卵巣の摘出手術をすすめた。儲けるために女性の臓器を狙った事件で、一一三八人もの女性が被害届を出した。被害にあった女性は、子宮や卵巣の摘出により、子どもが産めない、急激にホルモンバランスが崩れて体調不良になるなど苦しめられた。理事長、院長に医師法違反などで有罪判決が下ったが、傷害罪に関しては不起訴処分。（民事訴訟では二〇〇四年、被害者側の全面勝訴の最高裁判決）。

子宮筋腫　子宮内膜症　子宮腺筋症　～あなたの答えがみつかる本

佐々木静子・たんぽぽ著／双葉社、二〇〇三年。富士見産婦人科病院の乱診乱療を裁判で検証し患者を支援してきた佐々木医師と、子宮筋腫・子宮内膜症体験者の会である「たんぽぽ」が、医師・患者それぞれの立場から「治療も人生も自分で決めよう」と呼びかける役にたつ実用書。

優生保護法が犯した罪　～子どもをもつことを奪われた人々の証言

優生手術に対する謝罪を求める会編／現代書館、二〇〇三年。「不良な子孫の出生を防止する」ことを目的とする優生保護法によって、不妊手術や中絶手術を受けさせられた人たちの貴重な証言。そうした人口政策の人権侵害を訴える日本やドイツ、スウェーデンでの運動を紹介する。

医学の暴力にさらされる女たち　～イタリアにおける子宮摘出

マリアローザ・ダラ・コスタ編著、勝田由美・金丸美南子訳／インパクト出版会、二〇〇二年。なぜ子宮や卵巣は簡単に摘出されるのか。イタリアにおける子宮摘出手術の実態を、フェミニスト、医師、法律家、体験者が告発する。日本の事情について医師の佐々木静子、大橋由香子が解説している。

ビデオ『忘れてほしゅうない　～隠されてきた強制不妊手術』

優生思想を問うネットワーク制作・著作、ビデオ工房AKAME製作／二〇〇四年、VHS二四分、全編字幕付。介助が大変だからと、施設に入るときに月経がなくなるよう子宮への放射線照射を受けた女性がいる。障害者は子どもを産むべきではないという優生思想が、ひとりの女に何をもたらすか映像が伝えてくれる。

（O）

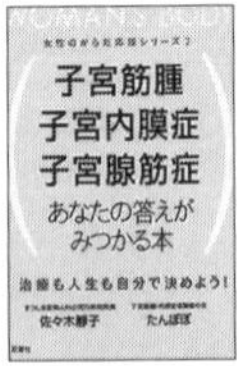

大橋由香子さま

もうすっかり夏ですね。早いもので退院して半年を過ぎようとしています。術後はいまのところ順調です。リンパ節郭清の副作用とされているむくみもまったくでず、二週間に一度だった通院も四週間に一度になり、この前のCTスキャンでも異常なしでした。

退院した私を待っていたのは、自分が抜けたフットルースの交換プログラムの報告集作りです。みんなの原稿を整理しながらプログラムの様子を想像していました。それが終わったのは三月末です。四月のはじめには、快気祝いと称して、長崎に家族と介助者の四人で行ってきました。

大浦湾の夕日が絶景だという旅館に一泊したのですが、あいにくの雨で、夕日は拝めずじまい。翌日は雨の長崎市内を見物して、名物のカステラを買い、最後はハウステンボスへ。この二泊三日の旅で晴れたのは、最終日だけでした。羽田に戻ってきたら今度は雪まじりの雨、思わず震えてしまいました。

そして娘の新学期も始まって、またいつもの暮らしに戻ったのですが、なんだか気持ちが定まらずにいました。

そうそう、お礼が遅くなりました。入院中はお見舞いをありがとう。病院では番茶しかでないので、由香子さん差し入れのコーヒーはシャバの味でした。入院中は、術後の数日は別として、点滴やリハビリを受ける以外、本を読むか、かんたんな日記をつけるか、テレビを見るくらいしかすることがありませんでした。

でも暇だったかというと、そうでもない。時間きっかりの三度の食事を軸に、一日のタイムスケジュールが決まっていて、思ったより気ぜわしい日々でした。

あんなに毎晩テレビを観たのも久しぶりです。テレビはカードを買って観るのですが、最初はテレビなんか観ないからいいやと思っていたのです。でも消灯になって本も読めないときや、本を読む気力も考える気力もないときは、ぼーっとテレビでも観るしかないと、一枚一〇〇〇円のテレビカードを買っていました。『千と千尋の神隠し』をテレビで観たのも入院中です。

四週間あまりの入院生活でした。入院の日、いつものように電動車椅子で病院に行きました。早く来るようにと病院から電話があったわりには、病院に着いてから三階の病棟に上がるまでずいぶん待たされました。

ヘルパーさんに案内された病室を見てびっくり。その六人部屋の病室の狭いこと！　電動車椅子で動けるようなスペースではない。これは部屋を変えてもらうしかないとナースステーションに行き、病棟婦長さんらしき人にかけあいました。このとき、またまたびっくりだったのは、私が車椅子を使っていることなど、外来からなにも伝わっていなかったこと。むこうもパニックだったでしょうが、こっちも一瞬パニックでした。

その勢いからか、お金のことも考えず、個室は空いていないかと、尋ねていました。小柄でてきぱきしたその婦長さんは、さっそく調べて、空いていない（いまから思えば、ああよかった）と告げ、とにかく様子を見てみましょうと、いっしょに病室に来た。そして私のベッドを奥の方から入り口近くに変え、ほかのベッドとベッドの隙間を狭くして、車椅子の入れる余地を作るように、ヘルパーさんに指示しました。そしてなんとか私のベッドは確保され、わずかな荷物を床頭台にしまいました。もう夕方になっていました。

同室にいたのは六十代から七十代とおぼしきおばさんたち四人。みんな入院が長いのか、とても仲よさげに、それぞれ足下についたテレビを見ながら、あれこれ話していました。新入りの私は聞くともなしに聞いていました。そうか、ここではテレビが話題を提供しているのか。やがて夕食が運ばれてきました。午後六時。ああ病院の食事だ、と、はるか子どものころの施設入所時代をふっと思い出したりしました。

まだ解決していない気がかりはトイレでした。一応車椅子用のトイレなのですが、見たところ一人でできそうにない。家で使っている手動の車椅子ならどうだろうと思い、連れ合いと娘に、電動車椅子を持ちかえって、代わりに家で使っている手動の車椅子を持ってきてもらうことにしました。入院して数時間でわかったのは、人がかんたんに動かせない電動車椅子は、看護師さんやヘルパーさんが忙しく働く病棟には不向きで、かえってじゃまだということです。

この電動車椅子と手動車椅子の交換は、なんだかとても象徴的でした。ここでは自立よりも依存すべき存在なのだと。そして手動車椅子でもやっぱり、自力ではトイレは無理とわかり、ああこれはヘルパーさんに頼むしかないと覚悟を決めました。そして、ふだん家にいるかぎり、自分でトイレに行けることのありがたさを久々に思うと同時に、いつ誰に頼んでトイレに行くかが大問題だった施設時代のことも思い出してしまいました。まさしく私にとってトイレはQOL（生活の質）を決める鍵なのです。

入院二日目、Y医師ともう一人の担当医師、O医師が病室にやってきて、しこりは四センチぐらいになっているから、筋肉は温存する予定だが、手術してみて筋肉にもかかっていれば一部切除の可能性もあるという。あなたはまだ若いから、手術は根治が第一だとも。私が「若い」と形容されたのは、ずいぶんと久しぶりのことでした。まわりの患者さんたちを見回してみれば、ここでは私もたしかに若い。

そして時間があったら練習してくださいといって、プラスティックの透明な横長の長方形の箱に水色の玉が三つずつ三列に並んでいるものを置いていった。この箱についている吸い口を口に入れて息を吸って吐いて、吐いたときに水色の玉が上がるようになればいい。これは手術中に呼吸を深くする練習なのだそうです。この玉がなかなかうまく上がらず、三つの玉が全部上がったことは一度もありませんでした。

手術の前日は血中酸素をはかる採血や心臓のエコー、手術の説明。Y医師が人体図がプリントされた紙に、ここをこう切って、こうやってああやってと、と懇切丁寧に説明してくれ、ここまでくると、私はもう、ただただ、はいはいと聞くだけでした。そして翌日は、まな板の鯉。午後一時四十五分にストレッチャーで手術室に運ばれ、「麻酔医のムトウです」にうなずいたのを最後に、意識はなくなりました。

夕方、「手術は無事に終わったよ」というO医師の言葉に、一瞬目覚めてまた眠りに落ち、すっかり目覚めたのは真夜中、それまでいた六人部屋ではなく、ナースステーションの向かいの二人部屋の差額ベッドでした。

それから数日は、カテーテルの管やリンパ液を排出するドレーンやら、痛み止めの薬が注入されている管やら、からだのあちこちに管がぶら下がり、名実ともに病人でした。痛み止めの薬のせいか傷の痛みはほとんどなく、ただひたすら腰や足が痛くて、文字通り身の置き所にこまっていました。幸い、一日四〇〇〇円の差額ベッドは、六人部屋のベッドとはちがって、リモコンでベッドが上下したので、ベッドを自分で上げて上半身を起こしたり、それに疲れたらまたベッドを下げて寝たり、一日中そんなことばかりしていました。つくづく、人間、寝たきりになるようにはできていないのだ、と思いました。

手術から四日ほどして、Y医師がそろそろリハビリを始めよう、それから、もう車椅子に乗っていいよという。言われたこっちは、「ええ！　こんな管だらけでどうやって車椅子に乗るんだよう!?」と内心で思ったものです。それにまだ左手には力が入らないから、車椅子に乗せてもらわなければならないが、脇の下に手を入れられたら痛い。いったいどうやって車椅子に乗り移らせてもらえばいいのか？

リハビリを命じられて病室までやってきた若い女性の理学療法士も、管だらけの私の様子を見て、しばしあ然、「ゆっくり少しずつ始めましょうね」と言うだけで、その日はおしまい。それでも、翌月曜日にはほとんどの管がとれ、力持ちの男の看護師さんにベッドから車椅子に移してもらって元の六人部屋に戻り、リハビリも始まったのでした。リハビリはまずはリンパ節を郭清した左腕を少しずつ動かすことでした。

とにかく車椅子に座れるようになって、身の置き所のなさからは解放されました。

その翌日の夜だったでしょうか、手指が急激にかゆくなって、夜中に目が覚めました。朝になって見てみると、体中に赤い発疹が出て、そのかゆいこと。その日はたまたま皮膚科の医師が来る日で、診察を受けて塗り薬を出してもらいました。それから数日はこの発疹に悩まされ、あとで知ったことですが、これは薬疹というらしい。強い薬があれこれ体内に入ると出てくるようなのです。

このかゆい発疹が少しずつ引いていったころから、数回に分けて抜糸されました。傷自体はほとんど痛むこともなく、順調に回復していました。

回復に向かうとともに、自分のいる場所や人を観察する余裕もできて、そこで働く人々の階層のピラミッドも見えてきました。頂点はもちろん、医療を行う医者で、つぎがその医療介護をする看護師、そのつぎが患者の身体介護を行う病院ヘルパー。制服で言うと白が上で、水色が下。この病院には、女性の看護師やヘルパーにまじって、男性の看護師が一人、男性のヘルパーが二人いました。朝の清拭で男性のヘルパーが回ってきたときや、ナースコールでトイレのお願いをしたときに男性ヘルパーが登場したときは、やっぱりちょっと引いてしまった。

この男性看護師やヘルパーにまつわるエピソードを二つばかり。ある時、同室のよくしゃべるおばさんが、血糖値を測りにきた女性の看護師に、「夕べ、男の看護婦さんの先生が〜〜」となにやら訴えたら、すかさず女性看護師が「あの人はね先生じゃないの、私たちとおんなじ看護師よ」。女一つ離れたベッドのこちら側で聞いていた私は、心のなかでその女性看護師に拍手を送っていました。同室のおばさんのような年代の人には、まだまだ「男というだけで女より上」という固定観念が染みついているのですね。

それと、ちゃっかりした感じの女性看護師やヘルパーは、力のいる仕事だとみるや、すぐに男性看護師や男性ヘルパーに応援を頼んでいました。「うーん、ここにも性別役割分業が」、そんな気がしました。

助産師も含めて、この分野への男性の進出は、患者の視点からもう少しきめ細かくやった方がいいな、と強く思いました。個人個人として見れば、感じのよい男性職業人ではありましたが。

やがて術後の治療方針の説明がありました。切除したリンパ節からは八個のガン細胞が見つかったこと。そして切除の断端にはガン細胞はなし。ホルモンレセプターはプラス。よって経口《けいこう》抗ガン剤とホルモン剤の投与でいく。放射線治療も選択肢として残っているが、これはやるかどうか、自分で考えてみてください、という。経口抗ガン剤の副作用としては、吐き気、めまい、下痢などの症状が出る可能性があるとのこと。下痢はいやだな、とまず思いました。下痢は、トイレに素早く行けない私の天敵。でも副作用の出る出ないには、個人差があるという。とにかく服用を開始するしかない。

抗ガン剤を飲み始めて数日、これといった変化はなく、やれやれという感じでした。手術から二週間を過ぎたころ、「もういつ退院してもいいですよ。でも病院は追い出しも引き留めもしませんから」とY医師に言われ、私としてはもう少しリハビリをして、家へ帰っても大丈夫、と思えるようになってから退院しようと思い、ちょうどプログラムが終わるころに退院しました。

家に帰ってきて真っ先にしたのが、シャワー。入院中は、週に二度、入浴日がありましたが、その日が祭日に当たると、それもなくなります。だから、それまでは日常だったシャワーが恋しかった。ふんだんに熱いお湯を流して髪を洗い、ヘルパーさんに体を洗ってもらうと、ああ家に帰ってきたと、途切れることのない日常のありがたさをしみじみ感じました。なんとかトイレも一人でできて、まずは日常生活復帰でした。二週間後に病院に行くまでの宿題は、放射線治療をやるかやらないかでした。

インターネットをあれこれ検索してみましたが、「やる」にも「やらない」にも、決定的な根拠を見つけられない。ああ、どうしようかな、と結論のでないまま、病院に行く日を迎え、いいや、こうなったら、そのままの気持ちを伝えて医師の判断を仰ごうと決めました。そのことを伝えると、Y医師はどうしてもしなくてはいけないということではないという。それならやめます、と、私は即座に決めました。

このころ、なんとなく落ち着きませんでした。ふつうにしてはいるのですが、いつも目の前にヴェールのようなものが垂れ下がっているような気がして、「先が見えない」といった感じでした。これまでもべつに先が見えていたわけではないのですが、それまでとはちがって、この先が「グレーゾーン」にしか見えなくて、すっきりしなかったのです。

いまになって考えれば、すべては「人生にはかぎりがある」という思いから来ていたような気がします。でもこれは、ふだんは考えもしないけれど、あたりまえのことです。とりあえず体内からガン細胞は駆逐されたことだし、いますぐどうこうということはないとわかっていても、心がざわついていました。意識下で転移を恐れていたのかもしれません。そしてその恐れは「死」につながり、いつとはわからない死の時までに、私はなにをすればよいのだろう、と考えていたようです。

ざわついていたのは、答えが見つけられずにいたからでしょう。そう、なにをすればいいか思いつかなかったのです。

そのうちにふっと思ったのです。なんでこんなことを考えているのだろう、私はただこれまで生きてきたように、これからも生きてゆけばいいだけのことではないのか。それが名もない一人の人間として生きて死ぬ、ということではないかと。そしてその日常はだれにとってでもない、私にとって、そして私につながる人たちにとって、かけがえのないものであれば、それで十分だと。

それからはいつのまにか心のざわつきも消えてゆきました。


傷跡がすっかりきれいになった六月ごろ、だんだん薄着になるし、右胸の出っ張りと左胸の引っこみが、気になりだしました。お金を出せば、右の乳房の形に合わせたブラジャーを作ることもできるのは知っていましたが、高いということもあって、そうだ、ブラジャーの左胸に詰め物をすればいいじゃないかと思いつきました。くたびれてきたハンカチもあるし、それでやるか、とめったに出さない裁縫箱を引っぱり出して、手持ちのブラジャーの細工にかかりました。ハンカチのつぎは、はずした肩パッドの利用を思いつき、それもやってみました。

不細工だけど、まあいいかと試してみました。そのうえにTシャツを着てみると、まあなんとかいける。以来、ブラジャーを買い足すたびに詰め物に励んでいます。

いつだったか、この細工をしていたとき、思いもかけない感情におそわれました。ふいに自分のしていることが哀しくなったのです。はじめて感じた乳房喪失への思いだったかもしれません。

乳房温存になぜ私はこだわらなかったのでしょう。乳ガンと知って手術を決めたとき、どちらかというと現実的な私は、女性を象徴する臓器でもある乳房にそれほどの思い入れはなく、それよりもそこに巣くっているガン細胞の追放に早くけりをつけたい気持ちのほうがきっと強かったのです。それに乳房の片方がなくなったって、私は私だ、という気負いもあったと思います。そんなことで哀しむような私ではないと。でもそれが、こんなに時間が経ってから、こんな形で私をおそうとは……。心はときに正直になるということでしょうか。

入院、手術という非常事態を経て、日常生活に復帰してから、いろんなことがさまざまに姿を変え、じんわりと効いてきたようなここ数か月です。でも、もうだいじょうぶ、元気です。この夏は久しぶりにねぶた祭りの弘前に帰ってみようと思っています。由香子さんのこのごろはいかがですか？

二〇〇三年七月二十七日

青海恵子

青海恵子さま

お便り、ありがとう。入院中の日々、そして退院してからの思い。そうか、そうだったのか。わあ、痛そう、たいへんそう、しんどそう……と心のなかで声を発し、「目の前にヴェールが垂れ下がっているような」という言葉にハッとしました。「いつか」「そのうち」「今はまだ無理」と思うことが習い性になっている私は、逆にいえば「将来」を確信していたのですね。

それにしても、病気らしい病気も大きな怪我もしてないなあ、と自分のこれまでを振り返ってみたら、とつぜん「眼の前が真っ暗になる」感覚を思い出しました。

それは、まさかの妊娠？　という事態。

もうだいぶ昔のことですが、あのときは、これから先の人生がなくなってしまうような、文字通り眼の前が真っ暗、崖から突き落とされる、と感じたなあ。さまざまな次元の希望が、しゅ〜んとしぼんでいくのが目に見えるような……。

妊娠、赤ちゃん、産む、育てるということを自分が受け入れられないとき、それはちっとも「おめでた」ではないのだとつくづく感じたものです。

だから、それから数年たって、避妊の失敗を心のどこかで期待している自分を発見したときは、とても不思議でした。

「由香子さんのこのごろは？・」と問われれば、「妊婦と胎児のことを考えています」と答える私です。第三子を妊娠しているわけではありませんよ。自分（妊婦）とお腹の赤ちゃん（胎児）というのは、時として対立しているような感覚を抱くこともありえます。でも同時に、私のなかに存在しているし、私なしには存在しえないし、その時は私そのものでもあるのです。

孕《はら》んだときに、それまでのような意味で「私」という言葉を使えなくなる、ということを書いた森崎和江さんの言葉〔『第三の性』三一新書、一九六五年〕を、十代の頃の私は「ふ〜ん」と斜めを向きながら読んだ記憶がありますが、妊娠中には「な〜るほど」と再確認（初確認か？・）したものでした。その後、友人と立岩真也さんの分厚い『私的所有論』〔121頁〕を読書会で取上げたときは、妊娠という微妙な状態を考える上で、「う〜ん」と考えさせられました。自分の精神や身体に訪れる他者、他者である私、自分のなかに他者がいる快感など、立岩さんの思考は示唆に富むものでした（難解さにも富んでいます）。

なぜ、いま胎児のことや妊娠のことを私が考えているのか？

障害者差別禁止法という法律をつくる動きが障害者解放運動の中であります〔119頁コラム〕。そのなかの「出生」という項目に当初は「すべての人は、胎児に対して、障害を理由とした中絶をしてはならない」、改定案では「すべての人は、障害を理由とした選択的中絶をしてはならない」という文言があり、これについて、このところずっと悩んでいるからです。

選択的中絶とは、おそらく出生前診断＊（胎児の状態を調べる検査）の結果、障害や病気が予想されるときに中絶することをさしていると思われます。自分がどんな人生を選ぶかというニュアンスでも使う「選択」という言葉を、この意味で使うことに私は反対で「選別的中絶」としてほしいのですが、それはともかく、妊婦と胎児という微妙で難解なところに、診断・検査技術の「進歩」によって「胎児の状態・障害の有無」が入り込んできている現実。そしてその現状に対して、差別をなくそうという障害者解放運動が、「中絶をしてはならない」という表現をすることをどう考えたらいいのか、どうしたらいいのか、頭がグルグルしています。

刑法堕胎《だたい》罪でも中絶は禁止されて、一部の許可条件が母体保護法で定められていることとの兼ね合い、法律としての整合性はどうなるのか？　などということ以前に、どうして女性に対して「してはならない」という表現になるのだろう、と悲しくなりました（中絶をするのは通常、女性ですから。医師が「中絶をする」という解釈もあるでしょうか？）。

このことを整理して恵子さんの意見を尋ねたいと思っているところに、子どもが卒業したばかりの小学校が「統廃合される」というニュースが舞い込んできました。中一の息子が中学校から帰ってくるなり「〇〇小がなくなっちゃうんだって」と区の教育委員会からのプリントを持ってきまし

障害者差別禁止法案

日本では、「完全参加と平等」を掲げた「国連・障害者の十年」を受けて、それまでの心身障害者対策基本法（一九七〇年制定）を一部改正、障害者基本法（一九九三年、二〇〇四年改正）へと名称を変え、ハートビル法や交通バリアフリー法などいくつかの法律もできた。しかしいずれも、アメリカのADA（障害をもつアメリカ人法）のような障害者の権利の明記や、差別的取り扱いを禁止する規定を含むものではない。そこで障害者基本法に代わる、当事者による法律制定を目指して、障害者政策研究全国実行委員会が発足、法案づくりが取り組まれてきている。

参考）「障害者差別禁止法制定」作業チーム編『当事者がつくる障害者差別禁止法』／現代書館、二〇〇二年。

http://members.at.infoseek.co.jp/dpi_advocacy/

た。「適正規模」に照らし合わせると一学年一学級は適正配置ではないと判断したので、「よりよい教育のため」○○小は隣の小学校と統廃合します、というわけです。

驚いて、小学生がいる友だちに聞いたら、通っている子どもも、その親も、事前に説明は聞いていなくて、新聞報道と区報を見て初めて知ったとか。統廃合ということ自体もショックですし、当事者である自分たちの意見を聞かず、相談もせず、勝手に決めて発表するの？　という怒りをもつのは当然だと思いませんか？

このふたつのことを考えていると「当事者」、そして「当事者ぬきの決めつけ」という言葉が思い浮かぶのです。

小規模校に通っている子ども・親・教職員という当事者の声を聞くよりも「小規模校の生徒は社会性が育たない」「組替えがなく、友だちも固定化して、かわいそう」と勝手に決めつけるということ。「障害のある赤ちゃんが生まれたら不幸」という決めつけによって、選別的中絶をするということ。さらに中絶の場合、そこでは当事者は誰なのか？　胎児は当事者になりうるのか？　妊婦と胎児は対立するのか？

こんがらがった思考のなかで、『当事者主権』（121頁）を読んでみたり、一方で統廃合反対の署名を集めたり住民説明会に出たりして今にいたっています。伝えたいテーマの放出だけで、時間も紙数も尽きました。ごめんなさい。

大橋由香子

二〇〇四年一月二十日

＊出生前診断

胎児の状態を調べる検査や診断のこと。優生保護法の目的を拡大して、地方自治体が「不幸な子が生まれない運動」を始めたころ、お腹に針をさして羊水を採取する羊水検査の技術も開発され、障害児を育てる社会的費用と検査費用を比較する研究などもあった。七〇年代はじめの優生保護法改定案には、胎児に障害がある場合は中絶できる「胎児条項」の新設がふくまれたが、反対運動により不成立。技術としては羊水検査のほかに、胎盤のもとになる絨毛細胞をとり染色体異常などを調べる絨毛診断がある。妊娠中によく使われる超音波検査も胎児の様子を調べるので出生前診断のひとつ。一九九五年ごろから、妊婦の血液検査と年齢から、胎児がダウン症や二分脊椎の確率を出す母体血清マーカーテストが開発されたが、確率であって確定診断ではないことが理解されずに利用されて問題になった。

私的所有論

立岩真也著/勁草書房、一九九七年

当事者主権

中西正司・上野千鶴子著/岩波新書、二〇〇三年

大橋由香子さま

由香子さんを「頭グルグル」状態にさせている、当事者たちによる障害者差別禁止法要綱案の「出生」の項目については、いっしょに考えて、と言われて私も考えてきたことでした。そして、この問題に関心のある女たちと障害を持つ女たちが一月末に集まって話し合ったこともありましたよね。そこで話し合われたことを元に、反対するだけでなく、まずは障害のある女たちで、対案を作ろうということになったのでした。そして私がその対案づくりのまとめ役を仰せつかったのでした。

この「出生」の項目については、私の個人的な見解ですが、そもそも出生は権利なのか、ということと、一つのマイノリティの差別を禁止する条項が、もう一つのマイノリティの差別につながることがあっていいのか、ということに、強い疑問がありました。

Ⅱ—9「出生」にはこう記されています。

1　出生に関する権利

(1)　障害をもつ人は、出生において差別を受けない権利を有する。

(2)　妊娠、出産に際し、いかなる障害をもつ人も生きる権利を有する。

(1)の「障害をもつ人」という表現は、一般にすでに出生を通過した「人」をさしますが、述部からすると主語は「障害をもつ人」ではなく、「障害をもつ胎児」ということになり、主体は「障害をもつ人」ではなく、「障害をもつ胎児」を意味すると解釈されます。つまりここでは、「人＝胎児」になっています。

(2)の「いかなる障害をもつ人」というのも、補足説明から判断すると、主体の「人」は明らかに、人になる可能性のある、「障害をもつ胎児」ということになります。このように(1)と(2)で規定しているのは、「障害をもつ胎児の生きる権利」です。

2　出生に関する差別禁止
(1)すべての人は、妊娠に際し、障害を排除するための治療・検査を強制されてはならない。
(2)すべての人は、障害を理由とした選択的中絶をしてはならない。

(1)と(2)の主語はいずれも、「すべての人」になっていますが、「妊娠に際」するのも「中絶」をするのも、「すべての人」ではなく、身体的に産む準備のある「女性」です。

II−9の、1が意味する「障害をもつ胎児の生きる権利」は、障害をもたない胎児の生きる権利をも「包含」することになり、容易に「すべての胎児の生きる権利」と読みかえられる可能性があります。2の「障害を理由とした選択的中絶をしてはならない」は「中絶の禁止」、つまりは刑法に堕胎罪が生きているかぎり、障害のあるなしにかかわらず、中絶に殺人罪適用の道を開く可能性があります。

さらには、「要綱案」のなかに、このままのかたちで「出生」という項目をおくことは、補足説明に「〈産む産まないは女性が選択する〉という主張を否定するものではありません。」という説明がありますが、それとも相容れません。むしろ、意図せずとも、女性の人権を危険にさらすこととも言えます。

私の考える女性の人権の基本は、まさに産むか産まないかの選択権を確保することです。いいかえれば安全な中絶を確保する権利です。これは胎児の情報が白紙の段階で行われている女性の選択です。でも、この、本来、白紙で行われるはずの女性の選択が、生殖補助医療のなかで、結果的に「生命の選別」を可能にする先端医療技術がつぎつぎと開発、実施され、出生前に胎児に何らかの障害や、遺伝病などが見つかった場合に、女性に突きつけられる「選択」と混同されてしまっています。

いわゆる、女性が意識的か否かにかかわらず、迫られている一度目の選択と二度目の選択を、私は厳然と区別して考えなくてはならないと、ずっと思ってきました。今回のこの問題にも、それは言えると私は思っています。つまり、二度目の「産む、産まない」は、いまの社会状況では「選択」として成立していないのです。なぜなら「産む選択」と「産まない選択」は等価ではないからです。

このような状況のなかで、障害、あるいは遺伝病の見つかった胎児は、おそらくかなりの確率で中絶されていることでしょう。それに歯止めをかけたいというのが「出生」の項目の主張です。ならば、障害のある胎児を「選択的中絶をしてはならない」という禁止令を女性に出すことは、障害のある胎児にだけ特別な権利があるわけではないとも私は思うので、なんらの歯止め策にならないだけでなく、問題の本質を見誤っていることなのです。それに歯止めをかけたいと思うのなら、遠まわりに見えようが、障害のある子を安心して子育てして送り出せる世の中にしていく道を探るしかないのです。

法律にできることがあるとすれば、障害のある子を「産む」選択と「産まない」選択を等価にする環境整備、それしかないと思います。そしてもう一つ、いま現在、障害のある子を育てている人たちを応援するような条項にすべき。そんなことを頭の隅で考えながら、障害や遺伝病の胎児のほとんどが中絶されている現状に歯止めをかけたいという主張を、胎児を主体にせず、なおかつこの問題を女の選択の問題に転嫁せずに、盛りこめる枠組みを作るにはどうすればいいか、と私はひたすら考えつづけました。

考えて、考えて、あるとき、ひらめきました。子どもを「産む」ではなく、「持つ」と考えればどうだろう。「子どもを持つ」ことには男も女も関与している、そして「人」がすることでもある。そうだ、「障害のある子どもを持つ権利」、と考えればいいのだ。そこから、最終的に、要綱案の書き方に沿って、対案を作ったのでした。* その対案は由香子さんも読んでくれましたよね。

そして、ついこのあいだ、要綱案をつくった作業チームの何人かと私たちで意見交換をする場が設定され、この対案を資料として出したのでした。作業チームの見解は、作業チーム側の女性障害者も含めて、自分たち障害者をあくまでも否定される「命」＝「胎児」にアイデンティファイして、そういう命が殺されてもいいのか、というところからの発想に変わりはなかったと思います。でも、一人だけ私たちに近い意見を持っている女性障害者がいて、心強く思いました。この対案を一度読んだだけで、すとんと納得してもらえるとは思っていません。もし理解してもらえるとすれば、もっとこちらの主張を、なぜこのように考えるに至ったかということをもっともっと、こちらも話し、むこうも聞く機会が必要でしょう。

それはともかくとして、作業チームは、一応この対案を、「自分たちの主張とはそう遠くない」（わかってない!!）として、持ち帰って検討するということになりました。

私としてはいま、やるだけはやった、そんな感じです。あとは反応待ちです。それにしても、このような問題が繰り返されるのは、一つには女性障害者が、かつての私自身がそうだったように、障害者への、あるいは女性で障害者であることへの否定的なまなざしのなかで、「障害者」というだけでなく、「女性」というところにも、きちんとアイデンティファイできなくさせられてきた女性障害者の経験のあり方に由来する、と私は思っています。

もう一つは、障害のあるなしにかかわらず、女たちがどんな思いをして、どんな歴史を背負って、「産む・産まないは女《わたし》が決める」というスローガンにたどり着いたかが、男たちにはまだまだ伝わっていないからです。

私はこの作業をしながら、つくづく思っていました。「もっともっと女性障害者の地位向上を！」と。

今回はちょっと過激な私でした。由香子さんのお返事をお待ちしております。

二〇〇四年三月三十一日　　青海恵子

＊女性たちによる対案

「SOSHIREN女（わたし）のからだから」のニュース「女（わたし）のからだから」二二一号掲載。あるいはホームページ（http://www.soshiren.org/）「資料・法律」コーナー「障害者差別禁止法」関連　二二一号（二〇〇四年四月二七日発行）一緒に考えてください！「障害者差別禁止法　要綱案その3」でも読めます。

青海恵子さま

三月から咲き始めていた桜は、四月に入り、上の子どもの高校入学式には、散り急ぐかのようにハラハラと舞っていました。

その高校の校門の外側では「日の丸・君が代の強制に反対する」というチラシを二人の人が配っていて、校門の内側には、管理職らしき男性。チラシを配る二人を厳しい視線で見ながら（見張りながら？）、保護者には明るく「おはようございます」と挨拶します。

教育委員会から来て祝辞を述べた男性が、壇上正面の「日の丸」に向かって深々とお辞儀をする姿が、こっけいでもあり、おそろしくもあり。戦争中「御真影《ごしんえい》」を拝んだのもこういうかんじだったのかなあ、と想像してしまいました。

まわりのみんなが君が代斉唱で起立しているとき、椅子にすわってたのは私だけ。小中学校のときは数人とはいえ同じく着席する親がいたけど、今回はひとりで孤独でした。そしてこの眺めは、いつもの恵子さんの視線なのだなあと、今これを書いていて気がつきました。ずっと昔、なにかのコンサートで、みんなが興奮して総立ちになったとき、車椅子にすわっていた恵子さんは、すわったままの視線で、あのライブを味わっていたのですよね。

君が代斉唱とロックコンサートでは、ずいぶん違いますけど。

さて、ある意味では障害者解放運動の「結実」でもある障害者差別禁止法の要綱案についての恵子さんの「過激な」お便り、私は興奮しながら読みました。

法律に自分たちの思いを織り込むという作業は、理想や希望を目に見える形にしていくわけですから、とても前向きでワクワクするものだと思います。と同時に、いわゆる法律らしい文体・言い回し、というか、法律という思考枠に当てはめていくことにもなるので、やっぱりどこかできゅうくつになる側面もあるのでしょう。「法律は国家権力の支配の道具」でしかない、とは思わないけれど、法というのは、権利を保障し差別をなくすという〈解放〉を志向する内容であっても、〈縛る〉ものなのだなあ、と感じます。これは障害者差別禁止法についてではなく、堕胎罪・母体保護法にかかわる、もっと新しい別の法律をつくろう、と私も作業の一端にかかわったときの実感です（「避妊、不妊手術および人工妊娠中絶に関する法律案」。からだと性の法律をつくる女の会（http://tsukurukai.at.infoseek.co.jp）作成）。法律の専門家の方からは「そうではなくて……」と言われるでしょうが。

本題に入ります。現に進行している「胎児の障害を理由とした中絶」に対して、なんとか歯止めをかけたい、それは障害者差別なのだと世論に訴えたい、という危機感から、障害者差別禁止法の「出生」の項目がつくられたことはよくわかります。先の「からだと性の法律をつくる女の会」の試案に対して、障害児の親の会や障害者グループから、もっと歯止めになるような項目を入れるべきではないか、という意見をもらい、何回か話し合いをしてきました。

そのときとちょうど逆（？）のような状況が、今回の障害者差別禁止法要綱案「出生」の項目への「対案」の動きだと思います。障害者運動に対する女性運動からの異議申し立てとも言えますね。

恵子さんが書いているように、「女性が意識的か否かにかかわらず、迫られている一度目の選択と二度目の選択を、私は厳然と区別して考えなくてはならない」と、私も思います。

つまり、お腹のなかの胎児（生命の萌芽）がどのような状態かにかかわらず「産めない」という中絶と、基本的には「子どもがほしい」けれど、胎児の性別や健康状態によっては今回はパスする、という中絶とは、分けて考える、ということですね。

後者の「選別的中絶」は、出生前診断という技術とともに派生したもの。さらにいえば、超音波診断などによって、妊娠している女性のお腹の中を、第三者が覗き込めるようになり、胎児にスポットライトがあたってしまったから生まれてきたことです。

超音波がないころは、お腹の中で動いたという胎動をふくめて、妊婦自身の実感が、いろいろな意味でいちばん大きかった。妊娠何週から生命が始まるのかという問いはナンセンスで、その女自身が「産もう」と思えた瞬間から、生命になるとも言えたわけです。

でも、現代は（少なくとも日本をふくめて妊娠・出産に医療が浸透している社会では）、そんな風流なことは言っていられない。「胎児に障害があるかどうか、ぜひ知りたい」と積極的に思わなくても、妊婦健診に行くたびに、いろいろなことを知ることになるからです。

さっき私は、「一度目の選択」と「二度目の選択」を区別すべき、という恵子さんの意見に同感だと書きました。子どもを産むことや育てることが、思いどおりにならない存在を抱え込むことだとしたら、スタートのところで「こういう子はいらない」と選り好みをするのは、たしかに間違っている。障害者差別というだけでなく、子どもという存在のとらえかたという意味でも、なんか違うんじゃないのかな、とも感じてしまいます。だからこそ、「一度目の選択」だけが「中絶の権利」なのだと言いたい気持ちを持っています。

でも……とすぐに思うのです。

「子どもはほしい」と思っていても「二度目の選択」の結果をきいて「安心」してからじゃないと「産もう」と思えない女性もいるかもしれない。まさに産むことと産まないことが等価ではない、差別に満ちた今の社会、「育てにくい子」だったら、子育ての大変さ・しんどさは確実に女親にのしかかってくることが想像できる今の社会では、区別したいし峻別《しゅんべつ》すべきだけど、「二度目の選択」が「一度目の選択」を浸食していることに、どうしたら対抗できるのか。「二度目の選択は、女性の権利ではない」とフェミニズムが宣言したとしても（宣言したいし、そう宣言している場面もありますが）、それで何が解決するのだろうか、という無力感を抱えているのも事実です。

ちょっと飛躍しますが、「育てにくい子」というのは、いわゆる「障害」だけではなく、夜泣きがはげしい、ミルクの飲みが悪い、オムツはずれがスムーズにいかない、親をイライラさせる、から始まって、将来、友だちにいじめられたり、いじめたり、動物を虐待したり、人を殺してしまったり……。そう考えていくと、もう子どもなんてこわくて産めなくなりますよね。今の少子化の遠因には、「安心」できる子じゃないと産めない、という心理が影響していると私は思っています。

で、「二度目の選択」の結果の選別的中絶というものは間違いだ、おかしい、と思いつつも、それができてしまう技術（出生前診断）や社会環境（子育ては大変、障害児を育てる母親はもっと大変）がある以上、「二度目の選択」をする個々人を責めたり罰したりすることで、障害のある胎児の命が救われるのだろうか、疑問です。理想論だと言われても、その命を孕んでいる女が、そしてパートナーの男が「産もう、育てよう」と思えるような状況にしていくことが、本当の意味で「救う」ことになるのではないでしょうか。

「中絶をしてはならない」と外から縛る発想は、孕んでいる女を、胎児の入れものとしか見ていないようで、とてもさみしく感じます。恵子さんが指摘するように、自分たちを「障害のある胎児」にアイデンティファイして、象徴としての命を救出するために、「個々人」しかも「女」を責めるのが障害者差別禁止法要綱案の「出生」の項目なのです。要綱案を作った人々は「責めているわけではない」と否定しますが、でも、条文を読めば、やっぱり非難していることになります。

そして、残念なことに、その「責める」視線のなかには、「胎児の障害を理由とした中絶」だけではなく、そもそもすべての「中絶」に対する非難を感じてしまうのです。

一九八二年の優生保護法改悪案（130頁コラム）が出されそうになったとき、中絶を禁止しようと主張する宗教団体の印刷物には、どぎつい化粧に派手な衣装、煙草を吸ってる生意気そうな女が、中絶する女性として描かれていました。自分が身軽になりたい、好き勝手なことをしたいから中絶をする、というイメージです。「安易な中絶」という言葉も、よく出てきました。それは、昔の神社仏閣にあった絵馬などに描かれた、堕胎する鬼のような女、と重なるイメージです。

二十一世紀の今、選別的中絶をする女性に対しても、そのようなイメージが重なっているのではないか、と私は危惧します。要するに中絶とは、産み育てるという母親役割を拒否するものであり、「共生」をめざす解放運動のなかでは、まさに打倒すべきものになってしまうのではないか。

八二年当時、いっしょに優生保護法改悪反対運動をしていた友人は、「（避妊をちゃんとしなかったという意味で）『安易な妊娠』はあるかもしれないけど、『安易な中絶』なんて、ない」と声を震わせていました。それにならって「安易な出生前診断はあっても、安易な中絶はない」と言うとしたら、選別的中絶をした女性をかばうことになり、ひいては選別的中絶を正当化することになり、障害者差別に加担することになってしまいますか？

妊娠してドキドキするのも、ワクワクするのも、中絶することにして手術台に上るのも、妊娠を継続して、大きくなるお腹に期待と不安を抱きながらお産を迎えるのも、妊娠した女性自身なのです。そこではパートナーの男は、よき伴走者になれるし、でも、伴走者にしかなれない。

「一度目の選択」と「二度目の選択」は区別するべきであり、後者はなくなってほしいと私も切に願っていますが、どっちの選択も、やっぱり最後はその女が決めるしかない。そこでは区別のしようがない、という側面もあるのではないでしょうか。「二度目の選択」だけを法律で縛ってブレーキをかけることで、障害者差別はなくなるのでしょうか？

障害をもつ男女が「不良な子孫の出生を防止する」優生保護法によって、子どもをもつかどうかを自分で選び・決めることを奪われてきた歴史に怒りを感じるのであれば、そして「生まれるべき命」「生まれるべきでない命」が国家や法律によって線引きされることがナンセンスだと感じるのであれば、選別的中絶を「してはならない」と法律で定めることがどんなに危ういことなのか、想像できるはずだと信じたい。

……と、要綱案の「出生」の項目をつくった作業グループの人に思わず呼びかけてしまいます。ああ、私も過激になってしまったかしら？

この問題の危機感だけでも頭に血がのぼっていくのに、世界は、あまりにたくさんの危機的な出来事だらけです。

二〇〇四年四月十一日

大橋由香子

優生保護法（現・母体保護法）改悪と女性運動・障害者運動

　優生保護法の目的には「不良な子孫の出生を防止する」ことと「母性の生命健康を保護する」の二つがある。生まれるべき命・生まれるべきではない命を国が決める優生思想、人口の量や質を管理するために女の身体を母体・母性に閉じ込める考え方にもとづいている。日本の人口政策は、刑法堕胎罪・優生保護法・母子保健法がセットになっている。

　女性運動は、堕胎罪も優生保護法もなくすことが最終目的ではあるが、優生保護法から経済的理由が削除されると堕胎罪が生きてくる現状では、とりあえず経済的理由を守るよう要求せざるをえない。

　一方、障害者運動は、一九七二年の改悪案で出た胎児条項（胎児の障害を理由とした中絶許可条項）は自らの存在否定になり明確に反対だが、堕胎罪をなくす点では女性運動と一致していたとは限らない。否定された自分たちの生命を肯定するためにも避妊や中絶に否定的な感情をもつ側面もあるし、「母よ殺すな！」という叫びの矛先は女性に向かう。

　また、障害者運動の側から、中絶の自由を求める女性たちに「胎児に障害があっても産むのか」と内なる優生思想を問いかけ、「産む産まないは女が決める」という主張に対して、障害をもつ女性はそもそも選べる状況にない現実をどう考えるのかというつきつけもなされた。このように、両者が立場の違いをぶつけあう場面が、一九七〇年代初頭と八二年の優生保護法改悪の動きで見られた。

　同時に、さまざまな違いはありながら、母子保健法への取り組み、雑誌「ヴァンサンカン」の「よい血を残したい」という差別記事への糾弾、女と健康国際会議、カイロ会議、北京女性会議で分科会を一緒に開く、優生手術の実態解明や謝罪要求など、具体的に活動していくなかで、共有できるものを模索してきた。

　優生保護法という悪法のおかげで、両方の運動が出会うことができたともいえる。

　九〇年代になってから、障害をもっているかどうかで現れ方は違っても、女への抑圧として一続きのものだと、理論だけでなく感覚や感情のレベルで少しずつ共有できるものが生まれてきたかもしれない。だが、その後も出生前診断や生殖補助医療など技術の発達にともなって優生思想が強まり、少子化にともなって女性を産む道具とみなすような視線・政策も強くなってきている。（参考　米津知子・大橋由香子「重さくらべや後回しからは、何も生まれない――優生保護法をめぐる女性解放運動と障害者解放運動」『現代思想』一九八八年二月号　特集・身体障害者）

（O）

SOSHIREN《ソシレン》 女《わたし》のからだから

　一九八二年優生保護法の変更が国会で議論されたとき、危機感を抱いた女たちが作った連絡会議（82優生保護法改悪阻止連絡会）。さまざまな女性グループのほか、地域の反戦運動、労働組合の女性部なども参加した。その後は「女（わたし）のからだは、わたしのもの」という視点から、連絡会議ではなく一つのグループとして、刑法・堕胎罪の撤廃、子どもを産むか・産まないかを自分で選べることをめざして活動してきた。九六年優生保護法が母体保護法に変わったあと、「SOSHIREN 女（わたし）のからだから」に名称を変更。

ホームページ http://www.soshiren.org/

（O）

青海恵子さま ●●●●●

早くも夏のような日差しの日もあって、五月はあわてて半そでの服を取り出しました。衣替えの六月より先に、この暑さ。さわやかな春や秋が、どんどん短くなっているような気がします。

さて、このまえの手紙で、おなかの胎児の状態を調べる出生前診断や、その結果による選別的中絶に関連して、「安心」できる子（手のかからない子）じゃないと、こわくて産めないという不安が少子化の遠因だと思う、と書きました。きょうは、そのことについて、補足させてください。

少子化というと、去年の少子化社会対策基本法〔70頁コラム〕やエンゼルプラン*でも次世代育成支援対策推進法**でも、仕事と子育ての両立、保育園の待機児童ゼロ作戦、あるいは不妊治療への援助などが言われます。裏には、「女性が社会進出するから、子どもが生まれなくなった」という認識があるのでしょうが、こういう「対策」を見ると、「なんか、ぜーんぜん違うし、ズレてるなあ」と思ってしまいます。

たしかに、保育園のゼロ歳児や一歳児の定員オーバーや、子どもが生まれても仕事を続けられない職場の状況を改善することも大事だし、そのための具体的な政策も必要だけど、もっと違う次元の問題が影響していると思うのです。

子どもを生んだら、すごく不自由そう、大変そう、しんどそう、というムードや気分があるなかでは、具体的な政策の改善がされたとしても、焼け石に水というかんじ。そもそも固定的な結婚制度の中でしか子どもは生み育てられないかのような息苦しさが、結婚や育児から人々を遠ざけていると思います。

しかも、保育園のサービス向上にしても、長時間保育や休日保育など、職場の都合に合わせることのほうが多くて、労働時間の短縮のように、子育てしやすい状態に職場が合わせる方向は、ちっとも進まない。リストラのご時世で、そんなこと無理、という雰囲気でしょう。つまり、「子どもは大切」だと言いながら「子ども&子どもを育てる大人」をちっとも大切にしていないのです。

うちの近所の公立保育園が、この四月から「民間委託」されました。あまりに急で一方的な取り決めに、多くの保護者が納得してない。引き継ぎ期間は不十分なうえ、新しい職員は仕事がきつくて次々にやめてしまう、という状態だったそうです。

規模の大きな保育園の四月は、部屋が変わり、担当の保育士が変わり、子どもも親も心配で落ち着かないもの。私も「朝のお別れ」のとき泣かれ、「後ろ髪を引かれるとはこのことか」と痛感したのは、年度がわりの春でした。職員がすべて変わったら、どうなるのか、準備にはそれなりの時間と工夫が必要だということは、ちょっと考えればわかるはず。「子育てに夢をもてる社会を」などといいながら、行政が子どもを大事にしていないことが、よくわかる例でした。

少子化対策として「保育園」の問題が出てくるけれど、じゃあ、母親が子育てに専念している人への援助はどうなっているのか、という声も最近大きくなってきました。育児に専念することのストレスは、ひょっとしたら仕事と育児の両立の大変さより大きい場合もある……と比較しても仕方ないし、要するに「仕事を続けても辞めても、子育てはしんどい」という雰囲気がかもし出されているのだから、少子化にならないほうが不思議です。

そんなところに「今後の少子化対策の方向について」という文章が現れました。自民党の「少子化問題調査会中間とりまとめ」（自民党ホームページ http://www.jimin.jp/）で、少子化問題調査会長・森喜朗の名前で五月二十日に発表されています。

作家塩野七生さんは、ローマ帝国衰亡の歴史を考えつつ、国家衰亡の理由の一つとして、人口の減少を挙げておられる。日本の現状を見るとき、少子化問題は国家のこれからの多くの困難の原因となるであろうだけに、その対策は急がねばならない。しかし、文明史的課題であるだけに即効薬はなく、また人それぞれの生き方、価値観にかかわる問題を含んでおり、政策としては誠に難しいといわざるをえない。

と始まり、去年成立した少子化社会対策基本法よりは、問題の複雑さを把握しているかもしれない、と思わせます。ところが、そこからの展開がすごいのです。

子どもを産む産まないは基本的には個人の自由、選択であるから、子どもを産むのが自然、当たり前と大多数の人が考える社会を創ることが基本である。これは短期的、経済的政策で対応できる問題ではなく、国民のライフスタイル、意識や価値観の問題として国民運動として推進されねばならない。

個人の自由、選択である、と言いながら、だからこそ、意識や価値観そのものを変えてしまおう、という発想なのです。

①（省略）

②個々人が現時点での自己の価値観・私的な利益・欲求を追求する傾向に対し、「子どもがいない社会はどうなるか」を伝えるなど、多くの国民が結婚や出産はいわば人間としての本来的な生き方だ——と自然に考える社会の雰囲気を醸成することが必要である。

③学校教育、家庭教育は、両親・祖先・子孫への思いを大切にする、子ども・家族の大切さを実感できる——ものとすることが必要である。また、異性は互いに尊重し合い、身体的・生理的違いを認めあったうえで、人間としての尊厳を認めあうべきであって、行き過ぎたいわゆるジェンダーフリー的教育や制度は改めるべきである。家庭や家族を持つこと、子育ての喜びを共有できる社会を創るべきである。

「本来的な生き方」というのもすごいですよね。せめて、きのうの小泉首相並み（？）に「人生いろいろ」という感覚をもってほしいものです、というのは冗談です。

そしてここにも出ました、「行き過ぎたジェンダーフリー教育」。さすが自民党、一貫しています。

ほかにも、「税制、相続法制等の制度の見直し」——国民年金の第三号見直しは無理そうですね。「男性の育児参加、母親が子どもと少しでも長く時間を過ごせるようにする」——むしろ父親が長く過ごせるようにすべきでしょうが。「経済優先、個人優先の価値観に替わる新しい価値観の醸成」——なぜこの二つが並ぶのか？　など、気になる言葉がいろいろ出てきます。

そして最後はこう結ばれています。

家族、地域の役割、機能を回復することが、経済優先、個人主義優先にどのような影響をもたらすか、あるいは家族、地域の役割、機能を少子化傾向に歯止めをかけつつ、代替する公的な仕組みを構築できるかは、国民の将来の選択にかかっているといえよう。

即ち、日本の将来の「国の形ち《ママ》」、又は「国家像」についての国民の選択である。豊かさ、数字に表れたＧＮＰ、社会保障の大きさを求め続けるのか、従来の豊かさは或る程度で抑えつつも、数字に表れない環境保全、やさしさ、温かさ、一体感を持ちうる社会を追求していくのかである。

経済成長や経済優先を見直すことは大切だけれど、それと個人主義優先とがセットになることに説得力がないし、エコロジー的な発想のうわべだけをかすめとって、環境保全のためには個人の権利（人権）や社会保障を否定する必要があるかのような論理のすりかえがなされています。

全文紹介できないのが残念（？）ですが、読んでいると、あ、この部分では「心のノート」を使うんだろうな、老人介護を家庭の責任にさせたいんだな、全体のために個人は我慢しなさいということだな……などと、昨今の政治状況と合致していて、怖いほどです。

こういう方針で少子化が「解決」するとはとても思えない内容。けれど、少子化は解決しなくても、「非常事態」あるいは「超管理体制」「戦争ができる国家体制」にふさわしい社会づくりには役立つだろうな、と思います。

この前、子どもを産むことは「思いどおりにならない存在を抱え込む」ことかもしれない、と書きました。悩みや葛藤をなるべく減らそう、複雑なもの、ややこしいもの、めんどくさいものは、できるだけなくそう・排除しようという発想が、いろいろな場面で強まっているような気がします。

自民党の少子化問題調査会報告に現れている「国家像」「社会像」は、その最たるもののように、私には映るのです。

短い春、恵子さんはどのようにお過ごしですか？　そして、うっとうしい梅雨の季節に、なにを考えていますか？

お返事、お待ちしています。

二〇〇四年六月三日

大橋由香子

＊エンゼルプラン

一九八九年の「1・57ショック」（合計特殊出生率が戦後最低を記録）を受け、一九九四年十二月に策定された「今後の子育て支援のための施策の基本的方向について」のこと。子育て支援のための法制度見直し、保育サービスの充実が掲げられた。しかしその後も出生率は下がり続け、一九九九年十二月には雇用、母子保健、相談、教育事業等の見直し、拡充を加えた新エンゼルプランが策定されている。

＊＊次世代育成支援対策推進法

二〇〇三年七月に施行された十年間の時限立法。国の行動指針に基づき、地方自治体および従業員三〇一人以上の企業に対し、子育て支援のための行動計画策定を義務づけた。

＊＊＊心のノート

文部科学省が作成、発行し、二〇〇二年四月、無償で全国小中学校の児童・生徒に配られた「道徳」の補助教材。子どもに考えさせるのではなく答えを誘導するような内容、そして「公共の精神の涵養」を目的とした教育基本法改正に議論が二分していた中での配布に、「教育への国家権力の介入」「愛国心の押しつけ」ではないかとして、各方面から抗議の声があがった。

大橋由香子さま

ここ数年、東京には夏と冬しかないのか、と、私も思っていました。これもすべて地球温暖化の影響なんですかね。

六月に入って、私の頭は東京での八月のフットルース交換プログラムの準備で、他のことを考える余裕のない毎日です。仕事もそろそろ第一稿を、と思っているので、なおさらです。

私の頭をいま、いちばん悩ませているのは「お金」です。なんのことかというと、今年は、これまでのところにはもう申請できないので、別の助成団体に助成金を申請したのですが、空振りに終わってしまったのです。今年度の公募はほぼ締め切られているので、それからもジタバタしてみたのですが、ほとんど成果なしです。あとは広く薄くあちこちにカンパをお願いするしかないか、と思っているところです。

九六年にMIUSA（モビリティ・インターナショナルUSA）のキャロルが来日したとき、だれかに「このような交換プログラムの活動でいちばんむずかしいのはなんですか」と訊かれて、すかさず「ファンディング（資金づくり）」と答えたのを、いまさらながら思い出したりしています。

そんなこんなで、うかつにも、少子化対策についてこんなにひどいものが出回っていることも知らずにいました。

「〈仕事を続けても辞めても、子育てはしんどい〉という雰囲気がかもし出されているのだから、少子化にならないほうが不思議です」という由香子さんの観測、きっとその通りでしょう。この雰囲気は、強弱の違いはあれ、ずうっとかもし出されてきたのではないかと思ったりします。

私が妊娠して産むことを決めたとき、母は最初こう言って強硬に反対しました。「男は当てにならない、他人《ひと》さまは当てにならない。おまえが苦労するだけだ」と。それも、母にとっての子育てが母一人にかかっていたということだよな、と、あとで思いましたし、いまも思います。

なぜ、そうなるのか、と考えたとき、いまもむかしも、そしてこの文章を創案した人のなかでも、子どもを育てるのは、女の務め、女の責任、という意識が無傷で生き延びてきたからですね。「……行き過ぎたいわゆるジェンダーフリー的教育や制度は改めるべきである。……」などと、よく言えたものだと思います。きちんとしたジェンダーフリー的教育をやろうとすると、芽のうちから刈り取られてしまうのですから、ジェンダーフリー教育など、改めるもなにも、最初からありゃしないじゃないかと思ってしまいます。

子どもを産む産まないは、「個人の自由、選択である、と言いながら、だからこそ、意識や価値観そのものを変えてしまおう、という発想」そのものが、戦前の「産めよ殖やせよ」の思想統制、人口政策を思い起こさせます。

こんないまの政治状況から考えると、前回話題にした障害者差別禁止法案の「出生」の項が、いかに危ないものか、背筋がぞっとします。

由香子さんの言うように、「おなかの胎児の状態を調べる出生前診断や、その結果による選別的中絶に関連して、〈安心〉できる子（手のかからない子）じゃないと、こわくて産めないという不安が少子化の遠因」だとすれば、障害のある胎児の中絶禁止を障害者差別禁止法で打ち出そうものなら、格好の餌食になります。障害という冠などどこかへ吹っ飛んで、「中絶禁止」だけがどんどんのさばって、一人歩きしてしまうのは、火を見るよりも明らかです。

さらには私には意味不明としか思えない、「少子化問題調査会中間とりまとめ」の結びの部分。推測はつくとはいえ、フレーズの一つひとつの意味を問いただしたくなります。

「家族、地域の役割、機能を回復する」というけれど、「回復する」という「家族、地域の役割」ってなに？　それが、「経済優先、個人主義優先に」どのように影響していると言いたいわけ？　「経済優先」を進めてきたのはだれ？　日本のどこに個人主義があるの？　そもそも、ここで言う「個人主義」とはなに？

この謎をとく鍵が自民党の「憲法改正プロジェクトチームの論点整理（案）*」にありました。これはこれで読みこんで批判すべき内容を含んでいる代物ですが、今回は「個人主義」にだけこだわります。「憲法改正プロジェクトチームの論点整理（案）」の「今後の議論の方向性」にこうあります。

この分野における本プロジェクトチーム内の議論の根底にある考え方は、近代憲法が立脚する「個人主義」が戦後のわが国においては正確に理解されず、「利己主義」に変質させられた結果、家族や共同体の破壊につながってしまったのではないか、ということへの懸念である。権利が義務を伴い、自由が責任を伴うことは自明の理であり、われわれとしては、家族・共同体における責務を明確にする方向で、新憲法における規定ぶりを考えていくべきではないか。同時に、科学技術の進歩、少子化・高齢化の進展等の新たな状況に対応した、「新しい人権」についても、積極的に取り込んでいく必要があろう。

彼らの考える「個人主義」というのは、「利己主義」のことだったんですね。「個人主義」が「利己主義」に「変質」させられた、とありますが、だれがどうやって変質させたのでしょう? 戦後教育の失敗と言いたいのでしょうが、私に言わせれば、日本の行政府の思想取りこみの際の換骨奪胎の結果です。彼らは似て非なるものを作り上げる名人です。

思わず、本棚から『イギリス個人主義の起源』(アラン・マクファーレン著 酒田利夫訳、リブロポート)という本を引っ張り出してしまいました。イングランドの個人主義がいつ始まり、その原因はなんだったかを研究した本です。もう中味なぞ、すっかり忘れてしまっています。でもこの本によると、多義的な意味を持つ「個人主義」ですが、一般的には「集団に対する個人の権利や特権の重視」であり、それらは「自立的で相互に平等な単位、すなわち独立の個人によって社会は構成されるという見解」とあります。

戦後、日本人に権利意識は育ったでしょうか? 権利意識のないところには、義務が伴わなくて当然でしょう? ほんとうの意味での権利、自由、平等、そして、それらが相互に関係し合っていることを、私たちはほんとうに教わってきたでしょうか?

公民権運動に見られるように、個人がさまざまな差別から解放され、自由になるために、権利というものがあるのだと思います。だから権利は、個人が集まって勝ち取るものなのです。そのようにして勝ち取られた権利が、個人の自由を保障するのだと思います。そこから醸成される社会の雰囲気が、権利や自由、平等を個々人に実感させるのではないでしょうか。

「個人主義」が「利己主義」に「変質」したのではなく、「個人主義」を「利己主義」のニュアンスでしか教えてこなかったのです。そんなところへ、憲法で「家族・共同体における責務《せきむ》を明確に」されたら、たまったものではありません。まるで戦前の隣組《となりぐみ》ではありませんか。なんというアナクロニズム! 家族や共同体の債務や責任は、あくまでも個々の家族や共同体で決めることです。

「少子化問題調査会中間とりまとめ」に戻って、つぎのフレーズ、「あるいは家族、地域の役割、機能を少子化傾向に歯止めをかけつつ、代替する公的な仕組みを構築できるかは、国民の将来の選択にかかっているといえよう。」というのは、私にはまったく文章として意味不明です。このフレーズの主語はだれ? なにに「代替する公的な仕組み」?

文章として意味不明なので、なにを選択しろといわれているのかはわかりませんが、「国民の将来の選択」というたいそうな言い方が気に入りません。日本の国民にそのような選択のできる回路がそもそもあるのでしょうか？「即ち、日本の将来の『国の形ち』、又は『国家像』についての国民の選択である」と言うけれど、「国の形」や「国家像」を、これまで日本国民がそれぞれに議論した上で自覚的に選択した経験はあったでしょうか？ いつでも、時の有力政党が選挙で勝てば、官僚の作文する有力政党の「国の形」「国家像」が、自動的に「国民の選択」した「国の形」、「国家像」になってきただけのことではないでしょうか？

さらには、少子化問題調査会の考える「豊かさ」ってなに？ 「社会保障の大きさ」というけれど、「大きさ」などと言えるほどのものか？ 社会保障こそが、いちばんかんたんに削れるところ、そう考えているのが見え見えです。たかだかわずかばかりの障害者手当を一通の告知で削るところにも、それはすでに現れています。

そして最後のフレーズ。「従来の豊かさ」ってなに？ 「従来の豊かさ」を享受してきたのはだれ？ 少なくとも、私を含めて、私のまわりには、そういう人は見あたりません。そういう人たちにとっては、抑えるもなにも、抑えようがないではありませんか。これは国民のどの層に向けて言っているのでしょう？ 少なくとも国民である私にではありませんね、きっと。

そう考えてくると、「数字に表れない環境保全」とか、「やさしさ、温かさ」という言葉もいかにもとってつけたようで空疎です。そして極めつけは、「一体感を持ちうる社会」。あなたたちの考える「一体感を持ちうる社会」って、具体的にはどういう社会？

こういう、一つひとつの言葉を、なんの定義も、具体的な説明もなしに並べ立てる文章を読むと、いらいらしてきます。そして、いつも思うのは、こういう文章を書く人は給料をもらって仕事の時間内で作文してるんだよな、それに対抗しようとする側は、手弁当、分が悪いよな、ということです。こうしたものを、じっくり読みこむ時間も、議論する時間も、反論を書く時間もなく日常を送っているほとんどの国民にとって、「国民の選択」などと言われても、そらぞらしいだけです。

由香子さんが拾ってくれた「さわり」を読んだだけでも、これだけの疑問や怒りがわいてくるのですから、「少子化は解決しなくても、〈非常事態〉

あるいは〈超管理体制〉にふさわしい社会づくりには役立つだろうな」という観測はきっとあたっています。

そうした社会では、人間の身体的、精神的な多様性を認め合う文化の土壌を醸成することはほとんど不可能でしょう。

それでも、障害のあるなしも、障害の種別も超えて同じ一つの場を共有することを大きなテーマとした、目前のプログラムを成功させるべく、日常の慌ただしさに帰ってゆく自分がいます。

秋になったら、いろんなことをじっくり考えたいと思っている今日このごろです。

二〇〇四年六月二十五日　　青海恵子

＊自民党・憲法改正プロジェクトチーム「論点整理（案）」

二〇〇四年六月十日発表。

自民党がうちだした「論点整理（案）」の主眼は、戦争の放棄（現憲法九条）の見直しにあるが、そのほかにも、政教分離規定（現憲法二〇条三項）を、わが国の歴史と伝統を踏まえたものにすべきである、「公共の福祉」（現憲法一二条、一三条、二二条、二九条）を「公共の利益」あるいは「公益」とすべきである、婚姻・家族における両性平等の規定（現憲法二四条）は、家族や共同体の価値を重視する観点から見直すべきである、社会権規定（現憲法二五条）においては、社会連帯、共助の観点から社会保障制度を支える義務・責務のような規定を置くべきである――などがある。

その後、自民党はこの「論点整理」をもとに、二〇〇四年十一月十七日「自民党憲法改正草案大綱（「己も他もしあわせ」になるための「共生憲法」を目指して）」を発表したが、党内の合意が得られず白紙に戻された。しかし、憲法改正草案起草委員会が新たに発足、二〇〇七年五月には、安倍晋三首相（当時）のもと、憲法改正のための手続き法「国民投票法」が可決、成立している。

青海恵子さま

夏が終わって、台風がつぎつぎにやってきます。私の夏は、「女の働き方」に関する本の取材に追いまくられました。

猛暑のなか、旧式のテープレコーダーを持って、三〇～四〇代の女たちの話を聞きに、東京近辺の東西南北を歩きました。熱中症になったらたいへん、麦茶を入れたペットボトルと日傘を忘れないように！　と気を張って最寄駅に着いたら、取材先までの地図を忘れて、炎天下をさまよったこともありました。麦茶より地図のほうが大事です。

ずっと同じ会社勤めの課長さん、公務員をやめて好きなことを仕事に結びつけた個人事業者、百貨店→エスティシャン→専業主婦→離婚して保険会社→派遣社員というシングルマザー、病院や助産院で働いた末に開業した助産師さん、資格取得のために会社を辞め大学院に入り、バイトで生活費を稼ぎながら猛勉強したカウンセラー。業績をあげるのに苦悩する営業ウーマンなどなど。

二昔前は、女性に対して「なぜ働くのか」という質問をされることがあったような気がします。特別な理由がないと働いちゃいけないの？　と言いたくなります（なんで結婚しないの？　なんで子どもを産まないの？　という質問もあったなあ）。

どうせいずれは結婚するんだし、結婚したら男が稼いで女は家事育児をするもの、だからこそ女性の就労は結婚までの「腰掛け」か、子育て一段落後の家計補助としての内職やパート。したがって、安い賃金でかまわない――という前提です（もっともそれは、高度経済成長期に確立した賃金労働者世帯の話で、農業漁業や商店、自営業はちがう側面もあるでしょうが）。

ところがその後、二〇世紀が終わりを迎えるころから、この国では「結婚する」という前提がガタガタとくずれました。そして、結婚しても、男の稼ぎで妻子を養えるのは、一部の裕福階層に限られつつあります。

「仕事はつらいけど、続けるのは当たり前というか、自然なかんじ。ダンナがリストラされるかもしれないし、今でもふたりで働かないときつい」という声もよくききます。

それでも、子どもが生まれると、勤め続けるのはむずかしい。この夏の取材にかぎらず、出産を期に、転職したり退職したりする人も多いのが現状でしょう。

子ども以外の理由で退職した人もいました。職場のストレスから体調が悪くなり、休んで調子がよくなり出勤すると、また具合が悪くなり、を繰り返したあげくに、からだが「NO」といっているのだから、これ以上は無理だ、と退職を決心したそうです。

仕事や職種を変えようと決意するときのことを聞くと、何人かの人が、似たような発言をしていました。「何年後かに／死ぬときに、この仕事をしていてよかったと思えるだろうか」という疑問がわき、「思えない」となったとき、転職にふみきったというのです。

そして同時に、「誰かの役にたちたい。お客さんに喜んでもらえる仕事がしたい」という欲求が、仕事をする上で案外、大きな位置を占めているんだなあ、と少し驚きました。

「青臭い」とか「甘い」と一蹴されそうなことですが、仕事の社会的意味や「お役立ち度」を求める気持ちと、自分の生活のため・お金を稼ぐために働くということがミックスしているところに、女にとって「働くこと」が自然になっている現実を感じたのです。何年か前までは、「やりがい」か「お金」か、どちらかの理由を前面に出すことで、女性は働くことを正当化せざるをえなかったのかもしれません。

「なんで働くの?」と聞く人がいたとしたら、「え、なんでそんなこと聞くの?」と聞き返す雰囲気になってきたことが、なんだかうれしく思えました。

考えてみると、障害者に対しても「なんで働くの?」あるいは「働けるの?」という問いが、当然のように投げかけられているわけですね。

障害者も当たり前のように働く、そのためには、今の市場経済や職場の常識を変えないと無理だし、市場経済（職場）の論理に合わせて働こうとすると、からだや心をこわしてしまう。体調をくずして退職する人も、妊娠・出産・子育てしながらの正社員勤務をあきらめざるをえない人も、今の労働市場のバリアに阻まれているのだと思います。

「家事や育児や介護と無縁な頑強な成人男性」ではない人が仕事につこ

うとすると、さまざまなバリアが存在するわけですね。だから、バリアフリーを要求する必要があるし、もろもろの仕組みをユニバーサルデザインに作り変えていくことが大事になります。

介護休業制度を使って短時間勤務をしている人が、従来の時間軸とは別の評価基準がないと、自分は会社に貢献できない社員（＝退職を促される）になってしまう、でも、「別の価値基準」が何かは、わからない、今は短時間で成果をあげられるよう、がんばるしかない、とため息まじりに言っていました。

派遣社員としてコールセンターで働いている女性は、最初の時給一四八〇円と聞いて、悪くない金額だと思ったそうです。毎年時給はアップすると派遣会社は言っていたし、残業を断われるのも、子持ちの彼女には好都合でした。でも、毎朝出社すると「きょうの変更点」が十項目くらい掲示されていて、料金プランやサービス内容が変わっている。その内容を把握して電話に応対しないといけない。抜き打ちで、応対内容や話し方がチェックされることもあり、常に緊張の連続。ボーナスはなく、交通費も支給されないので、八時間労働九時間拘束で手取りは二〇万円。半年契約の更新を繰り返した七年間で、アップした時給は一〇〇円だけ。通勤に往復二時間かかり、帰宅後も頭痛がするようになって、転職しました。

彼女の場合は、ひとり親だったので、経済的にきつかったわけですが、子育て一段落後の主婦が五時間勤務パターンで働くと十五万円前後になり、夫の収入があった上でなら、帰宅時間も早いし、率のよいパートと言えるかもしれません（主婦パートの時給は、九〇〇円前後が相場ですから）。

こうしたコールセンターのコストを削減するため、中国に進出する企業も出ていると、つい最近の新聞に出ていました。国際電話代が安くなっているので、中国人が日本語を習得する手間暇を差し引いても、コストダウンになるというのが、なんとも不気味なグローバル社会です。

職場のストレスで体調をこわして退職した人は、夫に収入があるから、その選択ができたと言っていました。「経済的自立ということを考えると、後ろめたさを感じてしまう」とも。

こうして、取材をしながら、「私はどうなんだろう？」と自分の働き方についても思いをめぐらせた夏でした。

ただ、そのころの私とちょっと違う変化もでています。この「女の働き方」に関する企画もそうなのですが、私と同じようにフリーランスで出版界隈の仕事をしている仲間が集まって、集団として営業を始めたことです。ひとりではできない仕事、ひとりではしんどいことを、複数で取り組むことで、少しはよい方向に動かせている。そんな手ごたえを感じつつあります。

そういえば、夏の終わりには身近な人の死に出会い、月並みですが、いろいろ考えさせられました。

きょうもまた、風が強い日です。選別的中絶のことも着床前診断のことも、少子化対策も憲法改悪も、イラク情勢も、よい方向には向かわず憂鬱な時代ですが、目の前にある「よい方向」をみつけては、気分を変えるようにしています。

では、また。

大橋由香子

二〇〇四年九月八日

エッセイ

大橋由香子

男の子育児はつらいよ

ベッジン28号だったムスコ

初出＊『別冊ＰＨＰ』一九九七年三月号（ＰＨＰ研究所）、特集「子どもの性格は育て方で変わる！」より

子ども時代、スポ根もののマンガとともに私は育った。『サインはV』『アタックNO1《ナンバーワン》』に心躍らせてバレーボール（うさぎとびの特訓ごっこ）をし、『巨人の星』や『あしたのジョー』が大好きという、男の子みたいな女の子だった。

　そんな私のポリシーは「やられたらやりかえせ」である。自分の子どもが友だちに「やられ」たら、「やりかえしておいで」とゲキをとばすハハオヤになるのは、当然の帰結と言えるだろう。

　子どもが保育園の年中組のころ、朝、登園するとムスコのところにやってきて「あそぼ」と誘うK君がいた。夕方、迎えにいくと、やっぱりK君と一緒に遊んでいる。お散歩に行くとき手をつなぐのも、きまってK君。「K君と仲よしなんだね」と言うと、ムスコYは「うん！」とうれしそうに返事していた。

　ところが、年長組になってしばらくしてからのこと。

「ぼく、Kくん、いやなときあるんだ」とムスコが言い出した。

　寝つきの悪いムスコは、弟が隣でグーグー寝たあとも、布団のなかで私とおしゃべりすることがよくあった。二歳違いの弟が生まれてからは、

母親を独占できる大切な時間だったのかもしれない。

「だけど、Yちゃん、K君と一緒に仲よく遊んでるよね」

「でも、いやなんだ。だってKくん、ぶったり、ぼくのバンダナ返してくれないんだもん」

そう言えば、海賊のようにバンダナをかぶるのがお気にいりで、毎日バンダナ持参で保育園に行くのだが、夕方、迎えに行くと、K君がかぶっていて、返してもらうことが時々あったっけ。

「かしたくなければ、イヤっていえば？」

「だって、ぶつんだもん……」

私の頭はガ～ン！　「仲よし」の三文字がガラガラと崩れる。

「ぶたれたら、Yちゃんもぶちかえしちゃえばいいじゃん」

という能天気な私の言葉に、ムスコはこう答えた。

「ぼくはね、ぶちたくないの」

ハッとした。この子はそういうふうに感じるのか。保育園の担任の保母さんに相談する。「ぶちかえせって言っても、それができない子にはプレッシャーになるんですよね」と言う保母さんの話に、そういうものかなと不思議な気分になる。

ムスコは決して、内気で引っこみ思案というタイプではない。ひょうきんで踊りが上手、運動も得意な、どちらかというと活発なほう。私に顔がそっくりなこともあって、性格も私に似ていると思いこんでいたのに……。

保母さんは、K君がひどくぶたないよう注意して見守る、私は「やりかえせ」とハッパをかけないで、ムスコの気持ちを大切にする——そうして様子をみましょう、というところに落ち着いた。

相変わらず、一緒に楽しく遊んでいるような、いやがっているような状態が続いた。ある日、保育園で七夕《たなばた》の短冊に願いごとを書く時、ムスコは「Kくんと遊ばなくてよくなりますように」と、たどたどしい字で書いたという。またもやガ～ン！　でも、これは、自分の気持ちを面と向かってK君にぶつけられないムスコなりの、表現の仕方なのではないか——私も保母さんもそう受けとめた。笹《ささ》の葉にその短冊を飾ることはしないが、ムスコを叱ることはやめようという対応の仕方についても、保母さん、私、ダンナの意見が一致した。そのうえで、K君はそれを見てどんな気持ちだろうね、ということはムスコと話した。

よその子の話だったら、なんてイヤなガキ、と思ってしまうかも。でもそれがうちの子。私の子ども時代と重ねあわせて、心のどこかで自分の分身みたいに思っていたけれど、考えてみればダンナの遺伝子も関係しているわけだし、私とこの子は別人なのだ。この当然の事実をかみしめた。それまでも子育てについては悩んだつもりだが、この時は悩みの質がグッと高度になったのを感じた。

その後も、小学校でリレーの選手に選ばれると「みんなが走れる保育園のリレーのほうがよかったな」と、忘れかけていた「やさしさ」を思い出させてくれる……てな具合に、ムスコの性格を解釈し直して、精神の安定をはかろうとしている私である。

症例別つきあいにくい人々

初出＊『別冊ＰＨＰ』一九九八年十一月号（ＰＨＰ研究所）、特集「お母さんの人づきあい・話しやすい人　つきあいにくい人」より

子どもを介したおつきあいというのは、なかなかむずかしい。私は、どちらかと言えば社交的なほうだし、知らない人と話すのが仕事でもあるので、愛嬌よくならざるをえない面がある。ところが、「お母さん」づきあいでは、なかなか社交的になれない。ちなみに夫は、もともとの気質に加えて、愛嬌よくしないほうがいい（?）仕事なので、歳を重ねるにつれ、ますますムッツリしてきた。これもひとつの職業病だろうか。

考えてみれば「お母さん業」もひとつの仕事だ。保護者会などは「〇〇ちゃんのママ」というスーツを着て出勤する職場、と割り切ればいいのかもしれない。それでもやっぱり、苦手なタイプの「お母さん」はいる。

「××ちゃんはいいですね、てきぱきしてて。うちの子なんて本当にグズで、毎日遅刻なんですよ」

××ちゃん＝うちの息子が小学一年生の時、こんなことを言われた。幼稚園の頃から遅刻常習犯だった私に似ず、息子たちが遅刻しないで学校に通っているのは、早起きの同級生が毎朝迎えに来てくれるおかげだ。

「お母さん業」の職業病のひとつにケンソン炎があると私は思う。腕を使いすぎて痛くなるケンショウ炎と発音が似ているが、症状は全く異なる。自分の子のマイナス面ばかり強調し、相手の子のプラス面に感心

し褒めまくるのが「ケンソン炎」の症状（ただし関西には少ないという報告もある）。褒め方は、大げさ・芝居がかってる・わざとらしいのが特徴で、そのせいか、褒められても素直に喜べない。

謙遜するのは遠慮しているからかもしれない。それなら、遠慮なくズバズバはっきりモノを言うタイプは話しやすいかというと、必ずしもそうではない。

「おたく、共働きなんでしょ。夕飯どうしてるの？　冷凍食品？」

面と向かって子どもの友だちの「お母さん」に言われた知人がいる。陰でヒソヒソ噂されるよりいいかもしれないが、言われた側の気持ちを想像してほしい。コツソショウ症ならカルシウムで予防できるが、このチョクシュチョウ症（直主張症）には何が効くのだろうか？

私も、言わなくていいことまでつい口にしてしまう直主張症の傾向がある。似た者同士というか同病相憐れむで、このタイプの人とは「話しやすい」間柄になることもあるが、やはりズバリと主張するその中身による。

「母親は、自分を犠牲にしてでも子どものためにつくすべきです」というあまりに正しい意見がちらついていると、タジタジとなってしまう。保護者会なんかで、素晴らしき正論をおっしゃるお母さんも苦手だ。「子ども第一潔癖症」も「よきお母さん」の職業病だろう。

返事が一言しか返ってこないお母さんも、つきあいにくい。子どもがまだ乳幼児の公園時代、「何歳ですか？」と勇気をふるって話しかけた時、「二歳半です」の一言で終わる「返答欠落症」の人には困った（実は夫もこのタイプなのだ）。

単に無口なだけかもしれないし、むこうだって話し相手を選ぶ権利はあるけれど、広～い地球の、たまたま日本のこの地域で、偶然同じ頃に子どもを育てているというご縁を、もう少し大事にしてもいいんじゃない？　と思ったりする。

ていねいさの度合いもむずかしい。根がズボラな私は、ていねいな人間になるよう日々努力している（つもりだ）。子どもが友だちの誕生会に呼ばれたら、その日のうちに電話でお礼を言うものだと育児雑誌に書いてあったので、実行していた。でも、自分の子が誕生会をした夕方、散らかった部屋を片づけ夕飯の準備に忙しい時、次々にかかってくるお礼の電話には閉口した。人づきあいのマニュアルも、自分なりにアレンジする必要がある。

さて、一緒にお酒を飲みに行くチ

ヤンスがあると、どんな症例であれ苦手だった相手が「話しやすい人」に変身してしまうから不思議だ。お互いに「お母さん業」のスーツを脱いで会話できるからだろう。となると、私にとって「つきあいやすい人」というのは、酒好きな人ということになる。こういう症例を世間ではアルコール依存症と呼ぶらしい。

忘れられない衝突

初出＊『おそい・はやい・ひくい・たかい』二七号、二〇〇五年五月（ジャパンマシニスト社）連載「発毛時代」②より

中一の夏、息子Yは私の背を抜き、声は低く、口数は少なくなった。ふざけて私の肩をぶったり、腰のあたりをキックすることもある。

といっても、凶暴な家庭内暴力が始まったわけではなく、「ねえねえ」と口にするかわりや、スキンシップのひとつのような接触。「そこじゃなくて、こっちをたたいて」と、ついでに肩たたきや指圧をしてもらうこともあった。

ある日、私が畳にすわって新聞を読んでいたら、キックがきた。向こうが立っていて私は低い位置、力は強くなり、しかも不意打ちだったので、ほんとに痛かった。気持ちも動揺した。

ところがYは、いつもの調子でニコニコしている。

「ちょっと！　今の、すっごく痛かった。もう力が強いんだから、いいかげんにやめてよっ」と私が叫ぶと、一瞬すまなそうな顔をしたものの、「うそ、そんなに痛くないでしょ」と主張する。

「本人が痛いって言ってるんだから痛いに決まってるでしょ！　踏まれた人の痛さは、踏みつけた側には、わからないのっ！」と私。

いつもは、機嫌が悪くなると、弟と自分の共用部屋に行き、ふすまをピシャリと閉めてしまうのに、この日は違った。

「風邪のとき大丈夫だってオレが言ってるのに『医者に行け』って言ったり、野球の練習の朝、吐いたのに『大丈夫、行けば治るよ』とか言うじゃん。母さんだって本人の言うことを無視するくせに」

「ギクッ」とした。

確かにYは、気持ち悪いとか、ひじや足首が痛いからと野球を休むこ

とがあった。行きたくないのかな、楽しくないのかな、と心配もしたが、ダンナが送迎運転手＆コーチなので、すぐに対応できる安心感もあり「大丈夫だよ」と励ます、というか追い立てていた。

今こう書くと「ひどい親！」と気づくが、そのときは「始めた以上は最後まで続ける」「サボリ癖がつくと、よくない」という精神論にダンナも私もおかされていた。

私が反論できないでいると、Yはこう続けた。「病院行かなくても平気だっていうオレの言葉は無視するくせに、病院に行ったときは『自分のことは自分が一番わかってるから、どんな症状か自分で説明しなさい』って母さん言うでしょ、矛盾してるのがイヤなんだよ」

この初告白にも「グサッ」

確かに私は、どこが痛いか自分で言おうね、と言い聞かせていたし、息子たちも納得してると思っていた。

でも今にして振り返ると、私は「子どもが話すのをさえぎって説明する困ったお母さん」ではなく、「子どもの自主性を重んじる賢いお母さん」になりたかっただけなのかも。医者の前で「いい母」を演じたくて、子どもの気持ちは二の次になっていたのか！　嗚呼！

それまでの日々が走馬燈のようにかけめぐり、私も涙声になりながら、悪かった、ごめん、と言った。そして、子どもが病気になると病院に連れて行くか家で様子をみるか、いつも迷っていたと話した。するとYは「じゃあ、母さんも迷ってるって言えばよかったのに」。なるほどねえ。

さらに、暴力をふるう場面に恐怖を感じること、それを連想するからキックはいやだと言うと、Yも、小学校の時○○先生が××君たちを蹴ったところを見てムカついたと話す。

「○○先生そんなことするの？　人気者だったのにね」と話がはずむ。

「ところで吐いた日、野球の練習行ってどうだった？」ときくと「治っちゃった」と笑う。すっかり口がなめらかになり「そろそろ、オレの部屋ほしいんだけど」とリクエストする。

とはいえ、狭い団地暮らしなので、家具を移動し、本や紙類、衣服、おもちゃを大処分。こうして、キック事件の成果（？）として、中学一年生の秋にYは四畳半をゲットした。破れたふすまで仕切られた部屋はスキマだらけで「個室」にはほど遠いが、ポスターで穴を封印し、満足そうだった。

筋肉にあこがれるころ

初出＊『おそい・はやい・ひくい・たかい』二九号、二〇〇五年十一月（ジャパンマシニスト社）連載「発毛時代」④より

小柄で少食、バイキング料理だと元がとれない息子たち。それでも確実に大きくなり、肉体の成長とともに、羞恥心もでてくる。

お風呂に脱衣所がないわが家では、子どももおとなも、居間でスッポンポンかパンツ一丁になって、お風呂場までいくのが普通だった。ところが小学六年の三学期、Yに変化があらわれた。お風呂場の前でゴソゴソと服を脱ぐようになったのだ。「いよいよ年ごろね」と、カーテンをつけて、こちらから見えない脱衣スペースをつくったら、「お、いいね」と喜んでいた。

その様子を見ていた当時小四のスッポンポン弟Sは「おにいちゃん、ケがはえてきたんだよ」とこっそり私に教えてくれる。まあ、想像はついてたけどね。

中一の秋に自分の部屋を獲得して以来、なんだかYの匂いが強烈になってきた。ふとんを干すとき、若きオノコの汗くさいフェロモンに包まれ、あまりの幸福感に顔をしかめ、鼻をつまむ私だった。

筋肉の魅力にとりつかれるのも、この時期の特徴らしい。父親が昔使っていたエキスパンダーやアレイを「これ、ちょうだい」と自分のものにして、筋トレに励む。

考えてみると、一〜二歳のころの「二語文」が、思春期になると再来するようだ。二語文とは、「はら、へった」「こづかい、くれ」などのこと。昔の「ぶーぶ、きた」「まんま、ちょうだい」にくらべると、かわいさが大幅ダウンだが、オヤジの一語文よりはいい。

筋トレは、腕立て三十回、腹筋二十回など、自分でメニューを作成し、ちゃんと実行する。勉強ではめったに発揮しない計画性と努力！

メニューといえば、中学二年になってソフトテニス部の部長になってからは、Yが練習メニューをつくっていた。

「みんな、筋トレ、いやがって、やらねえんだよな。ガキみたいにすぐふざけるし、〇〇は副部長なのに休んでばっかりだし、ったくもう」。愚痴るときは、二語文より長くなる。

中二最後の定期テスト、数学の問題用紙に、「ランニング十周、ダッ

シュ十回、乱打十五分……」というメモと、テニスコートらしき四角形の図が書かれていた。試験の最後の日は、午後の部活のことで頭がいっぱいらしい。「見直ししたの?」ときくと、「どうせわからない問題だったから」とY。練習メニューを考えるヒマがあったら、時間ギリギリまで解く努力をすればいいのに、とテストの点数をみて思う私。

ソフトテニス部顧問の教師(練習には来ない)に、このことを話すと、「Yくんはすばらしい! さすが部長。ほめてやってください」といわれてしまった。数学教師でもあるその先生が、「最後まで問題をあきらめないよう、Yくんにいっておきましょう」というのを期待していたので、ガクッ。と同時に、なんだかうれしくなったのも事実。こういうナイスな先生がいるんだよね、公立中学にだって。

さて、筋トレすると確実に筋肉がつくのがおもしろいのか、テニスで強くなりたいのか、マッチョなボディがあこがれなのか、きょうもYの部屋からは、エキスパンダーのきしむ音と荒い息が聞こえてくる。

一方、エキスパンダーの元の持ち主は、腹筋がなくなり、かわりに脂肪がついてズボンがはけなくなった。それなのに「オレはまだ成長してるんだ」と言い張る(超人ハルクのシャツが破れるのは胸であって、おなかじゃないよ。)

なにより残酷なのは、Yが居間でも服を脱がなくなったころから、ダンナの髪の毛が減ってきたこと。公園でうつぶせに寝ているダンナの肩と背中に、三歳のYと一歳のSがまたがり、うれしそうに手をふっている写真が、居間に飾ってある。その写真のダンナの後頭部は、黒々フサフサ! 嗚呼、息子の発毛時代とは、父の脱毛時代だったのか。

ずっと娘がほしかった私が、このときばかりは「息子でよかったかも」と思った。子どもが女の子でも男の子でも、思春期の若い肉体はまぶしく、世代交代を意識させられるのだろうけど。

記憶のキャッチボール　●　●　●　●

●　●　●　●　第4章　2004.9～2005.5

大橋由香子さま

雨の多い十月でした。そんな雨の一日、ＪＩＣＡ（国際協力機構）主催のアジア・アフリカ障害者リーダー研修のテーマ別研修、「障害を持つ女性の権利」についてセッションをしてきました。参加者はフィリピン、チュニジア、メキシコの女性たちと、中国、モザンビークの男性たちでした。この参加者の情報を講座担当者の女性から聞いたとき、障害を持つ女性の権利について話すのに、なんで男性が入るのかと奇異な感じを受けました。

そのことを尋ねると、男性たちも女性障害者の権利について学びたいということでした。それでも参加する女性たちは、もしかしたら男性がいたら話しにくいかもしれないので、男性が加わることについて、彼女たちの気持ちを確かめて下さいと頼みました。そして彼女たちの答えは、ノープロブレム。へえー、と私は思いました。

それならば、と二時間半の組み立てをあれこれ考え、ＤＰＩ日本会議の障害者政策研究会の障害者差別禁止法案（119頁参照）の対案としてみんなで考えた草案、「障害を持つ女性の権利」の項（121〜124頁参照）を使わせてもらうことにしました。そこで明文化した障害を持つ女性の権利は、社会生活、私生活、性と生殖の分野で、障害のない女性に認められているすべての権利を享受すると同時に、障害を理由に意に反することを強要されないことです。それを個人的、具体的なレベルの話として、私の経験を少し話し、それからそれぞれの国の女性または女性障害者が置かれている状況と、それに対して自分はどう思うかを話してもらいながらのディスカッション、という流れを組み立てました。

当日は先述の五人と、日本側からプログラムコーディネーターのＫさん、特別参加のＳさん（二人とも電動車椅子使用の女性）、そしてＪＩＣＡの実働部隊ＪＩＣＥの男性職員と通訳の女性、リハビリテーション協会のＴさんというメンバーで始まりました。

私からの発題と草案の英訳を資料として提示し、休憩をはさんで話し合いに入りました。真っ先にチュニジアの女性が発言しました。このような会議のときにいつもする質問なのですが、と前置きして、人権ということではなく、女性と男性を対置して女性の権利を主張することはかえって、女性の権利を二次的なものにするのではないか、チュニジアでは男性も女性も法的に平等だと。

思いがけない問いかけでした。この元気な軽度障害の女性は、なにを持ってそれほど男女平等だと言い切れるのか？　私は一瞬、考えて答えました。世界の歴史を考えてみて下さい、そのなかで女性がどのように扱われてきたか、その長い歴史はそう簡単には変わらないはずです、あなたの国ではほんとうに男女は平等ですかと。そして、あなたがいつもするというこの質問にはこれまでどんな答えが返ってきましたか、と。

彼女はセイム（同じだ）、と言いました。彼女があまりに理想的なことばかり言うからか、隣に座っていたメキシコの女性が、でもあなたはソーシャルワーカーとして、そうとばかりはいえない事例にもぶつかっているはず、と切り返しました。するとチュニジアの彼女はちょっと苦笑して、もちろんそうです、でもチュニジアはイスラム圏でも、政教分離が法に定められているから、教育でも仕事でも基本的に男女平等です、と強調していました。

フィリピンから来た女性は、伝統的にフィリピン女性は女らしく、やさしく、保守的であることを求められてきましたが、女性も教育を受けて指導力を発揮することを期待されるようになってきて、その一例として、アロヨ大統領はもちろん、障害のある女性が知事になったりしています、と話していました。

メキシコの彼女は、女性の地位は都市部と地方で違い、地方で若い女性が集団で惨殺された事件があっても警察はなかなか動いてくれず、外圧でやっと動き出したが、いまだに犯人はわからない、という話をしていました。そして障害のある女性に対しては、いまだに、同じ障害のあるパートナーがいつか見つかるというようなことを言うけれど、自分としては私を抱き上げてくれるような力のあるパートナーがほしい、と言っていました。

男性たちにも訊いてみました。中国の彼も基本的に男女は平等だと強調。専業主婦にはどうして働きに出ないのかと言われるほどだし、女性の姓も結婚して変わらないという。私は、それには男の姓や家系を純潔に保つという意味もあるのではないですか、と尋ねると、まあそういうのもあったかもしれませんが、と彼は言葉を濁し、私はもう一つ尋ねました。共稼ぎの場合、家事の分担の割合は？　フィフティ・フィフティ、と彼。女性たちからは、ほんとに？　というブーイングが起こりました。

　最後にモザンビークの彼は、圧倒的に車椅子が不足しているから、熱い道路を這って渡るしかない人たちもいると語っていました。そして、とりわけ障害のある女性は貧しくて教育も受けられず、教育を受けられないから仕事にも就けないという状況で、いま問題になっているのは障害のある女性の売春だという。自分たちの国は貧しく、自分たちの団体も小さくて、なかなか問題解決ができないが、この問題には取り組んでゆくというようなことを話していました。

　みんな国を背負っているな、という印象を受けるなかで、メキシコの女性の率直さが印象的でした。おもしろかったのは、障害者という総称名称を聞いたとき、自動的にどちらの性を思い浮かべるか、とみんなに尋ねたときです。私自身は「障害者」という言葉には無性、あえて言えば男性を思い浮かべてきました。ところが彼らの答えは「男と女」でした。これは言葉の違いもあるのかなあ、とあとで思いました。英語では **people with disabilities** で、**people** にはたしかに男女が連想されますから。

　でも私はこのとき思いました。ああ、私はもう、性にかんする考え方や感じ方としては旧世代に属するのだな、と。私の話した経験も過去の事例に属するのかもしれないと。セッションが終わってから、プログラムコーディネーターのKさんと、その友人のSさんと少しおしゃべりしました。彼女たちは私の話を聞いて、自分も「子どもを産んでおけばよかった」と、残念そうに言いました。Sさんは小学校六年生のときに、「結婚はできない、子どもは産めない」とあきらめ、それがずっと尾を引いてきたと。セクシュアリティの問題は生きてゆく上でとても大きな問題で、もう少し若ければ、時代の後押しもあって、結婚したり、子どもを産んだりできたかもしれないのにと。Kさんは、私と同じポリオによる障害だが、むかしは歩いていて、いろんな人とつきあった経験もあるが、それをセクシュアリティの問題として考えたことはなかった、と言っていました。

　私がこの場で出会った異国の若い女性障害者たちと、私より少し上の世代の日本の女性障害者たち、それぞれの国の社会とその時代の影響を受けて、それぞれのセクシュアリティを生きてきたんだなと、感慨深いものがありました。

そんなこともあって、いま話題になっているらしい『セックスボランティア』（159頁）を読んでみました。この本の存在は知っていましたが、タイトルから敬遠していました。でも一読して、著者の若い女性は真摯な態度で障害者の性を取材し、生と性の根幹としてのセクシュアリティに向き合っているなと好感を持ちました。しっかりとした問題意識を持って、日本だけでなく、オランダへも取材にいき、それを通じて、障害のある男女のセクシュアリティに、障害がどのように影響しているかに気づいてゆきます。

それは社会が障害者の生と性に向けてきたまなざし、そのまなざし故に障害のある個人に内面化させられてしまう「あきらめと絶望」。自分はふつうの人たちのように、恋愛などできない、結婚などできない、それでも、男を、あるいは女を、知らずにこのまま死にたくないという強烈な思い。

時代はこの「あきらめと絶望」を少しは薄めてきたのだろうか？　インターネットでセックスボランティア募集の書きこみをする男性障害者が出てきたり、両親公認でホストを呼ぶ女性障害者がいたり……。しかしそれはその場限りでの関係と割り切るしかない関係です。「あきらめ」の関係でしかないことを当人たちも自覚しています。

障害のある男女にも、障害のない男女と同様に性欲はあるという、きわめてあたりまえな事実を明るみに出すことは必要です。と同時に、生と性の根幹としてのセクシュアリティは、相互に自分を確認したいという欲望も秘めています。性欲を処理する手段としてのセックスボランティアとの関係では、その欲望は満たされません。というより、その欲望を介在させては成立しない関係です。

私はここでセックスボランティアの是非を言う気はありません。ただ、セックスボランティアも風俗にはちがいないということ、性の搾取という一面を持っていることは押さえておきたいと思っています。さらに、セックスボランティアで障害のある男女のセクシュアリティの問題は解決しないということも。

四年ほど前に「障害と性」というエッセイを書いたことがあります（慶應義塾大学経済学部編『家族へのまなざし』（弘文堂）所収）。私に与えられた最初のタイトルは、「障害者のセクシュアリティ」でした。私はこのタイトルに異和感を覚えました。セクシュアリティを性差に限定して考えるなら、障害者に固有の性があるわけではない。その意味で、「障害者のセクシュアリティ」も、「女のセクシュアリティ」、「男のセクシュアリティ」を通して考えなければ、逆に障害者のセクシュアリティも見えてはこないだろうと。

これまで「障害者のセクシュアリティ」は、「女のセクシュアリティ」や「男のセクシュアリティ」のなかで語られることはありませんでした。それは障害者も同じ人間として性的特徴を備え、それに基づく行為をするものだと、社会的に認識されてこなかったからです。しかしだからといって、「障害者のセクシュアリティ」という新たな枠を設けては、性を持つ個人としての障害者一人ひとりから、またしてもセクシュアリティを奪いかねないのではないかと。

このタイトルが成立すること自体、「障害者のセクシュアリティ」の在処を物語っています。これまで障害者と呼ばれる者たちは、それぞれの性という特質より先に、障害という特質で分類されてきました。そして分類されたとたんに、性はかき消されてしまうのです。そのかき消されてきた性を復権させるには、障害も含めた人間の多様性を認め合い、創造的な性関係を紡いでゆける「女のセクシュアリティ」、「男のセクシュアリティ」の枠組みを組み立て直すことではないでしょうか。「障害者のセクシュアリティ」もまた、男の性的特徴、女の性的特徴にまつわる「社会的定義」のなかに、そしてその社会の性風土のなかにあるのですから。

そんなことをつらつら考えて、タイトルを「障害と性」に変更したのでした。社会との関係性のなかにある障害を持つ男女の性は、これまでも、そしていまも苦境のなかにあると言っていいと思います。ただ時代の空気によって、その苦境の程度や質が変わってきたにすぎません。私を含めて障害のある男女は、さまざまな経験を積み重ねてゆく自由のなかから自分のセクシュアリティを、できれば他者を搾取しないかたちで生きられる方法を編み出すしかないのだと思います。

ジェフリー・ウィークスは『セクシュアリティ』(159頁)という著書のなかで、「セクシュアリティとは、人間行動に意味を与える多様な社会的実践の結果であり、社会的定義と自己定義の結果であり、定義し、規制する権力者と抵抗者の間の闘争の結果である」と指摘しています。

なんだか長くなってしまいましたが、今日はこのへんで。

二〇〇四年十月三十日

青海恵子

セックスボランティア

河合香織著／講談社、二〇〇四年

セクシュアリティ

ジェフリー・ウィークス著、上野千鶴子監訳／河出書房新社、一九九六年

青海恵子さま

新潟で中越地震が起きました。いつまでも続く余震と雨。避難所になっている学校の体育館や校庭に張られたテントを何回もテレビを通して見ながら、地震をおさめるような儀式というか呪術があればいいのになあ、と昔みた映画『帝都物語』を思い出していました。

それにしても、マスコミの一点集中主義は、今に始まったことではないけれど、やはり疑問を感じます。ビッグ・ニュースを伝えるのがマスコミの仕事だとしても、ほかの出来事、ニュースも少しは報道するべきではないか。しかも天皇・皇后が被災地を訪問することが、なぜこんなに大きなニュースになるの？　と怒りモードでしゃべっていると、子どもたちが「だからニュースはつまらないんだよ。早くチャンネル変えて」となり、ほかの、これまた別の意味でつまらないお笑いバラエティ番組をみる羽目になるのが、私の夜七時台です。

セクシュアリティ。あらためて考えてみると、かなり意味不明なカタカナですよね。

この言葉を耳にしたのは、八二年、優生保護法から経済的理由を削除しようという動きに反対する運動にかかわりだしたころ。「からだのおしゃべり会」（163頁コラム）という活動をしていた女性が口にしていたのが初めてだったような気がします。彼女は、性の方向性、性のベクトルがどこに向いているかっていうことよ、と弓矢のような絵を描きながら独特の説明をしていた記憶があります。その絵から、私は数学か物理の時間に見た黒板を連想しました。

そのときは、労働や教育など、いろいろな性差別を問題にしていくなかで、「なんか物足りない」と感じて言葉にしようとしていたモロモロ……性や身体、あるいは月経、セックス、マスターベーション、避妊や中絶……それにまつわる個人的な悩みから堕胎罪・優生保護法のような政治的意図までひっくるめて表現できる便利な言葉、と思ったものです。ただ、当時は、その後ジェンダー・スタディーズや女性学で語られるセクシュアリティという用語とは微妙に違っていた。むしろ、異性愛が当たり前という状況でのレズビアンや対という形で性愛関係を選ばないなど、多様な性のありようを表現するニュアンスで使われていたというのが私の印象です。

「女と健康国際会議」（14頁参照）という民間女性の集まりでも、「レズビアンの視点が欠けている。もっとレズビアンが声をあげよう」という呼びかけが、「帝国主義への批判」「人種差別への告発」「南北問題の視点」をもっと！　という呼びかけに混じってなされていました。性やからだのジャンルの中でも、さらに同性愛が隠されてきたことへの抗議だったのかもしれませんが。

恵子さんの、JICAのイベントで「国を背負った」各国の参加者たちとセッションをしたというお便りを読みながら、八〇年代始めの熱い日々を思い出してしまいました。もっとも、そのときは、ちっとも熱いとは感じていなくて、七〇年代のあとの、抜け殻のような、しらけた時代だと思ってたけれど、今から見れば、自分が若かったこともふくめて、けっこうホットだったなあ。

さて、『セックスボランティア』、私も読みました。これまでもマスターベーションを手伝うことやセックスの介助、障害をもつ男が女を「買う」こと……などなど、聞いたこと、話したこと、部分的に書かれたことはあり、私も気になっていた「テーマ」です。でも、この本が多くの人に読まれるような形では、運動の側では問題を提起できないできた。それはなぜなのだろう、と感じました。

「障害者解放」とか「ウンドー」の枠とは違うところから取り組んでいる著者の姿勢や、恵子さんの言葉を借りれば「真摯な態度」も大きく影響しているでしょう。そして、とりあえず「恋愛」とは別物としてセックスを楽しむことを、良い／悪いの問題ではなくて、どう考え、どうしたらいいんだろう? という人々の現実的な迷いにフィットしたのだろうな、と思います。

不倫も風俗も、すっかり敷居が低くなって、身近なものになっている(らしい)今の日本の雰囲気は、性欲は誰にでもある自然なこととして全面的に肯定すること、気持ちよくなりたい、快感を得たい欲望に正直になろうというムードとリンクしています。

このムードは、何十年か前に、「女」たちが自分の性欲に向き合い、からだを知るという動き(ウーマンリブ運動)によって広まった面もあるし、性産業が欲望を掻き立て、あおっている結果でもあるでしょう。そんななかで、性をかき消されていた「障害者」が、セクシュアルな存在もふくめて自分を再発見していく過程に、読者は共感したり、戸惑ったりするのだと思います。つまり、「覗き見る」ことを通じて、自分にとっても迷いだらけ、悩みだらけ、不満だらけの「性」を振り返っているのではないかなあ。

うーん、やっぱり、性って不思議ですよね。

まったく別のことも考えました。

ボランティアでやってきた「介助」を、障害者解放運動は金銭を介する形、つまり障害者が介助者を雇う、という形にしてきましたよね。その文脈からいくと、性的なサービスの「介助」も、金銭を介する形へ、ということは自然なことかもしれません。

『セックスボランティア』に出てくるオランダの団体については、私の友人が話を聞きにいって、男性利用者が多いという事実が何を意味するか疑問を感じる、と言っていました。男性と女性の違いはどこからくるのか、そして「サービスの有料提供」と「搾取」の境界線はどこにあるのか……売買春、セックスワークをめぐる、すっきりしない思いに繋がっていきます。

恵子さんが出たJICAのセッションでモザンビークの男性が発言したような、「障害のある女性の売春」という「問題」もまた、同時に存在しているし、「障害のある女性が受ける性暴力」という「問題」もあり、そしてそれは、障害のあるなしに関わらず、女には共通のこと。でも、「あるなしに関わらず」と言ってしまうことは、障害を持つ人独自の問題を無視することにもなるという……。

ああ、これは、二十年以上前の優生保護法改悪反対のときに、「産む・産まないは女《わたし》が決める」をめぐって話しあってきたことと、どこかで重なっているのだなあ、と気づきました。

そう言えば去年だったか、けっこう遅い時間帯に子どもがテレビのチャンネルをまわしていたら（リモコンを押していたら）、画面に昔風なドラマが現れました。鶴田浩二がガードマン役、岸本加世子と清水健太郎（妹と兄）もその警備会社で働いているという設定で、車椅子の若者たち（を演ずる役者）が出てくる番組です。タイムスリップしたような雰囲気と、車椅子の青年たちが抗議するシチュエーションに引き込まれて、子どもも私も、見入ってしまいました。

車椅子の青年たちは、階段や段差だらけの町に出て行きます。「お、これは、青い芝の会みたいじゃん。バスに乗せろというシーンも出てくるかな?」と思いながら、「このドラマみたいなことがほんとにあったんだよ」と、知ったかぶりして子どもに解説したりして。

施設や親元を出て、地域でアパートを借りて自立生活をめざし、バリアだらけの町のつくり＝人々の意識を糾弾し、さらに仲間にも「外へ出よう」と誘う。このドラマが七〇年代以降の障害者解放運動のさまざまな場面を下敷きにしていることは明らかでしょう。男性障害者がセックスを経験するためにソープランドに行く切ないシーンもあり、映画『さよならCP』〔原一男監督〕を彷彿させます。

ドラマのクライマックスは、家に閉じ込められている「かわいい女の子」を、男たちみんなで外に連れ出そうとするところですが、この「おせっかい」とも言える図々しい態度や雰囲気って、障害者運動に限らず七〇年代に存在していたな、と思っていたら、隣にいた子どもが「なんか熱いよなあ」とポツリ。「あんたもそう思う？」と、その後、盛り上がってしまいました。お姫様を連れ出す男たち、という設定も、ソープランドへ男が女を買いにいくというあたりも、男中心の六〇〜七〇年代という時代を反映しているよねえ、などとしゃべっていたら、案の定、「男たちの旅路」というシリーズで、「車輪の一歩」というこの番組は、山田太一原作の有名なドラマでした（一九七九年放映）。

恵子さんも、もちろん見ていますか？

なんだかきょうは、八〇年代との間を行き来している気分。目がまわってきたので、このへんでやめておきます。

二〇〇四年十一月九日　　大橋由香子

「からだ」についてのグループ

一九七〇年代のウーマンリブ運動以降、からだについて女同士がおしゃべりし、知識を共有する動きが活発になった。避妊や中絶、マスターベーションの経験を話す、スペキュラムという道具を使って自分の子宮口を見てみる、月経用品について調べる、医者まかせではないお産をする、自分たちでクリニックをつくるなど、各地でさまざまな活動が継続したり生まれたりしている。

（O）

参考）『女のからだわたしたち自身——避妊・中絶・セーフsex』森冬実&からだのおしゃべり会著／毎日新聞社、一九九八年

大橋由香子さま

新しい年が始まりましたね。私は例年のごとく、なにをするでもなく過ぎていったお正月でした。由香子さんのお正月はいかがでしたか?

さて、前回の由香子さんのお手紙に、なんとも懐かしいドラマのタイトルが出てきて、びっくり。山田太一原作のドラマ「車輪の一歩」。私も、もちろん見ました。私にとって、とてもリアルなドラマでした。七〇年代前半、私が二十代初めのころ、毎年、夏になると、いまの連れ合いとその仲間たちが仙台から私の住む弘前に、「深窓の障害者」(と、彼らは私を呼んでいたらしい)に「揺さぶり」をかけにきたことを彷彿とさせたからです。もちろん、私は斉藤友子が演じる彼女ほど「お姫さま」でもなかったし、彼の仲間たちがドラマにあったと同じことをしたかどうかは知りません。それでも、脚本家の山田太一に「なんで知っているの?」と訊きたくなったほどです。

仙台にある東北大学の学生だった彼と弘前大学のしがない聴講生だった私が、どこでどうつながったかと言えば、私が書いた一通の手紙からでした。そのころ、新聞で仙台が福祉都市に指定されたという記事を読んで興味をもち、その話を知り合いに話したところ、東北大学には「エレベーターを設置する会」というのがあるから、手紙を書いたら持って行ってくれるというのです。

そんなわけで、手紙の渡った先が彼だったというわけです。この「エレベーターを設置する会」というのは、彼らが東北大学に入学して後、校舎の建て替え工事があり、設計図を入手したところ、四階建ての建物にエレベーターがつかないことを知り、たまたま車椅子や松葉杖を使う学生が数人いたので、エレベーター設置要求運動を行ったグループだそうです。学生運動も勢いを失ってきた時期らしく、青ヘル、赤ヘル、白ヘル、入り乱れての取り組みだったようです。私の手紙を受け取ったころは、すでにその運動は終わり、エレベーターも設置された後のことです。

もう手紙になにを書いたのか覚えていませんが、彼とその仲間は私の手紙を読んで、「障害者の素人」と思ったようです。手紙なんてまどろっこしいから、「遊びさ行くべ」となったらしいのです。手動で運転できる車を使っていた彼がみんなを乗せて、四人の障害のある男性たちが、初対面の、しかも女性の家にやってきて、一泊していったのです。

両親もびっくり、ということではあったでしょうが、私が外へ自由に出かけられないぶん、私の友人が出入りすることには寛大でした。それでも、これは私にも驚きだったのですから、食事やら泊まる部屋やらを用意する母には、どう説明したものかとは思いましたが、「東北大学」というネームバリューを最大限、活用させてもらい、事前に了解は取っておきました。当日は食事の準備をいっしょにしたり、いちおう気は遣った甲斐あって、母は気持ちよく迎えてくれました。いま思っても、あの時代の両親としてはとてもリベラルだったと思います。どうしようと思ったのは、用意した二階の部屋に上がれない人もいたこと。自分の部屋を明け渡したのを覚えています。

その夜は私の部屋であれこれ夜遅くまで話しました。といっても、私は「障害者の素人」らしく、ほとんど聞き役でした。彼らのよく言えば開放的な屈託のなさ、悪く言えば傍若無人さに、私は一種のカルチャーショックを受けたものです。そして翌年の夏はなんと車三台で七、八人もやってきたのです。しかも男ばかり。そのなかにとてもかっこいい健常者が一人混じっていて、一目惚れというエピソードもありました。といっても所詮かなわぬ恋というやつで、彼にはすでに彼女がいました。当時の私は、「なんでこう、会う人、会う人、みんな彼女がいるんだよ！」と、内心、毒づいていましたが、どうしてみんな早いうちから相手がいるのか、私にはほんとうに不思議でした。

だから、当時の私の最大の命題は、私にはなぜ恋人ができないか、でした。その理由を「障害」のせいにするのはプライドが許さなかったので、そのことを自分なりに考え詰めて、そういう自分の思いを、もしかしたら、これは男に女として認められることで、自分の存在を確認したいだけではないのかと、あるとき思いました。それなら自分のなにを認められたいと願っているのか、自分でもよくわからなくなり、自分でもよくわからない自分という存在を人にどうやって認めろ、というのだ、と、いまから思えば稚拙な哲学をしていたのでした。

ところが揺さぶりにきた彼らはあからさまに、女にふられた話や、ちょっかいを出した話などをして、豪快に笑うのです。彼らを見ていて、そうか、もっと自由になってもいいんだ、と思ったものです。「揺さぶり」がいがあったということですね。そんなことが二、三回続いたでしょうか。やがて彼らも大学を卒業したり、大学院に進んだりと、夏の年中行事もなくなりました。

私は私で、このままこの部屋で可もなく不可もなく、子どもたちに英語を教えて、一生を終わるのかと思うと、とてもいたたまれず、家を出ることをぼんやり考えるようになっていました。そんなときに、「車輪の一歩」を見たのでした。駅の階段の前で、車椅子の彼女が、最初は蚊の鳴くような小さな声で、そしてついにはきちんと大きな声で、通行人に、階段を上がりたいのです、手を貸して下さいと呼びかけ、仲間たちが固唾をのんで密かに見守るラストシーン。あのバリアだらけの七〇年代を生き延びてゆく彼女の「車輪の一歩」でした。私にも、車輪の一歩を踏みだせ、とドラマの彼らと我が家を訪れた彼らがダブって、メッセージが送られたような気がしました。

東京へ出てくるときは、東京つながりの人間関係を最大限、動員しました。動員された一人に彼も入っていました。大学院を出て東京に住んでいたからです。久しぶりの再会でした。でもこのときの彼と私は友人以外の何者でもありませんでした。「恋愛」ということで言えば、それぞれに別の人を見ていたはずです。

それがなぜ、と問われれば、背景はいろいろあるけれど、きっかけはトイレ。私はそのころ、小田急線沿線、向ヶ丘遊園に住んでいました。大きな家の離れを借り、改造させてもらって、お風呂と通学介助以外は、一人で暮らしていました。その年の晩秋、ひょっこりと遊びに来た彼が、隣の部屋に泊まっていったときです。車椅子の高さに合わせて改造した私のトイレを彼がえらく気に入ったというわけです。よくわからない話ですが、後に本人に確認すると、「青海さん、がんばってるっちゃ」としみじみ思ったのだそうです。

この往復書簡を始めたばかりのころにも書いたことですが、「青い芝」の運動から始まった障害者解放運動は、重度障害者が二四時間介助者を入れて地域で暮らす、というのが「ウンドウ」関係者の常識でした。それとはちがう私の暮らし方にたいする彼の感慨でした。

その夜を境に、彼がよく泊まりに来るようになりました。それまで彼も私も無意識のうちに「障害者」を恋愛の対象と捉えていなかったと思います。でも彼と話していると楽でした。自分を飾る必要がありませんでした。十年あまりの時を隔ててのお互いの再発見でした。ごく自然にいっしょになったような気がします。

そして、いっしょに暮らすことに決めて、それぞれの親に話しました。私の両親は、いっしょに暮らすことに関しては、小さな波風は立ったものの、最終的に、もう大人なんだから親の出る幕ではない、という対応で落ち着きました。彼の母親は猛反対、私は一度も彼の母親に会うこともなく、彼女は亡くなりました。この対照的な反応には彼と私の障害の軽重が大きく関係していたと思います。

それぞれの両親の対応ぶりは、私の妊娠を機に逆転します。いまから思えば、おもしろいな、と思います。私たちはそれまで籍を入れずにきました。入れる気もありませんでした。だから当然、子どもは私の姓にするつもりでした。ところが、このときは私の両親が猛反対したのです。つまり彼らにしてみれば、私が「籍も入れてもらえない、かわいそうな娘」と映ったらしいのです。手紙などくれたことのない父が、「母を心配させるな！ よく考えろ！」と怒りの手紙をよこしました。これにはちょっと参りました。

ところが、彼の両親は、「孫ができる」と、単純に喜んだふしがあります。息子の相手として認めていない女が産もうが、「孫」の出現は大歓迎だったのです。このような双方の両親の反応のちがいは、障害があろうがなかろうが、子どもという存在に責任を持つのは女だ、という世の常識が反映されていたと思います。そして私は、そんなこんなの怒濤の数年間に、女たちが打ち出した「産む・産まないは女《わたし》が決める」というのを、私なりにすとんと納得してしまったのでした。

『セックスボランティア』の本と絡めて、前回のお手紙の最後に書いていましたね。「『障害のある女性の売春』という『問題』もまた、同時に存在しているし、『障害のある女性が受ける性暴力』という『問題』もあり、そしてそれは、障害のあるなしに関わらず、女には共通のこと。でも、『あるなしに関わらず』と言ってしまうことは、障害を持つ人独自の問題

——それぞれの両親の対応ぶりは、私の妊娠を機に逆転。いまから思えば、おもしろいな、と思います

を無視することにもなるという……。」

卑近には男ができない、女ができない、ということも含めたセクシュアリティをめぐる、「障害を持つ人独自の問題」がなんなのかを、当事者がきちんと出すべきなのかもしれません。でもこれは現段階ではあまり実りはないと、私はみています。家族のあり方や、地域社会のあり方など、関係する社会の枠組みに、「障害者」という存在を含みこんで、それらのあり方を、障害のあるなしではなく、ジェンダーとしての男と女というところから考える道筋を、まったく新たに創造していくしか道はないと思っているからです。障害のある者とない者が同じ土俵にのって、この問題をいっしょに考えていけるかどうかだと思っています。

『セックスボランティア』一冊をとってみても、由香子さんの言うように「男性と女性の違いはどこからくるのか、そして『サービスの有料提供』と『搾取』の境界線はどこにあるのか……　売買春、セックスワークをめぐる、すっきりしない思い」が残ります。

これらを同じ土俵で、まったく新たな枠組みから、いっしょに考えられるかどうかなのだと思います。障害を持つ個人の経験、障害を持たない個人の経験、それらを共有し、お互いに突きあわせて、新たな方向性を見いだすしかないと、私は思っています。『セックスボランティア』はそのための一つの素材と考えてもいいのではないでしょうか。

そこで私たちも手始めに障害を持たない個人としての由香子さんの経験から、私の若いころの「不思議」を少しひもといてくれるとうれしいです。

二〇〇五年一月七日

青海恵子

青海恵子さま ●●●●●

新しい年を迎えてから、もうだいぶたったのに、まだ去年の手帳を使っています。このように、あれもこれも棚積みのまま、片付かないまま、終わらないまま、あるいは着手すらできないまま……。こんなんでいいのだろうか！　と自分に喝を入れなきゃ、と思う先から、ま、あんたはそういう人間だから仕方ないじゃん、という内なる声がきこえてくる。これを自己肯定と呼んでいいのかどうか、いつも悩みます。

さて、恵子さんからのお手紙、「ほんとに?・」といいながら読みました。事実は小説より奇なり、事実はドラマよりドラマチック、ということでしょうか。「嗚呼、青春」ですねえ。どうして山田太一は青海さんのドラマを知っていたのでしょうね。似たようなことが同時多発していたのかしら。

「障害を持つ人独自の問題」とはなにかを、当事者がきちんと出すのは現段階では無理がある、あまり実りはないと、恵子さんは書いていますが、小さな疑問符が私のなかにはあるし、もう少し噛み砕いて説明してほしい気もします。と同時に、そうかもしれないな、とも思い、じゃあ、「どうしてみんな若いうちから相手がいるのか」という「不思議」について考えてみました。

このまえ、なんとはなしにNHKの「真剣十代しゃべり場」をみていたら、こんな意見が紹介されていました。

〈学校では恋人がいる人は「上」、恋人がいない人は「下」の階級があるのが現実。恋人がいないと、外見もイケテナイ、好かれる要素もないことの証明になってしまうと思う。反対に恋人がいれば自慢になるし、その強みで友達に対して何でも言えるようになる。〉

「階級」とは仰々しすぎるにしても、自分が十代の頃を思い起こしても、彼氏がいる子が「すごい」というムードはあったと思います。

私は車椅子ではないし施設に入っていたわけでもないけれど、学校の日常には男子がいない「女の園」暮らしでしたから、彼氏ができないのは自然のなりゆき、と最初は思っていました（マンガのような通学途中での出会いなどなかったなあ）。

ところが、ふとまわりをみると、同級生に「彼氏」がいる子もいる。「どこで知り合うんだろう」という不思議と、「なんですぐ男とくっつきたがるんだろう」という不思議の両方を感じていたような気がします。

持てる＝モテる者と、持たざる＝モテない者、を階級と表現するかどうかは別として、不安がいっぱいの十代にとって、ひとつの安定感や自信を与えてくれる存在であることは確かです。

でも、まさにその彼氏／彼女がいることがマル、という雰囲気に乗り切れないというか、違和感を抱いていた私。そのうちウーマン・リブっぽい主張を読むようになると、「異性愛強制主義」という七文字熟語（ヘテロセクシズムの訳語でしょうか）に出会って、ああ、私が反発してたのはこれなんだ、と納得がいきました。

とかいいながら、とにかく恋人ほしい！　という渇望もありました。これってなんなんでしょうねえ。

あるとき、性に関する座談会に出たら、その席で、ある男性がこう話していました。

「女性と性関係をもつのは、恋愛の仮面をかぶった性欲と同時に、自分の中の寂しさとか孤独をいやしたいという部分が大きかった」。

なるほどね、とうなずいてしまいました。

さて、自分がモテざる者であるとき、その理由を無意識のうちに探しているような気がします。私だったら「女子校だから」というのがそれにあたるし、それが理由にならないと気づくと容姿やスタイルのせいにしてみたり、と同時に「別に彼氏がいなくたっていいじゃん」という自己肯定＝開き直り＝強がりへと移行していったものです。

恵子さんは「障害」を理由にするのはプライドが許さなかった、と書いていますね。それは裏返せば、それくらい「障害」のもつ重みというか占める位置が大きいのだと感じました。この部分は、私にはなかなか理解できないことです。一方で、「男に女として認められることで、自分の存在を確認したいだけではないのか」と思いいたったというその気分は、私の開き直りの心境にかなり近いし、すごくよくわかります。

「認められたい」という欲望や「寂しさや孤独をいやしたい」気持ちは、ひょっとしたらほかの形でかなえられるかもしれないけれど、恋愛の仮面をかぶった性欲は――相手が異性であれ同性であれ――セクシュアルな肉体関係によってしか満たされないのだろうと思います。（マスターベーションや恋愛ぬきの性的関係でも得られる満足感はあるけれど、それとは別の快感ということ）。

『セックスボランティア』にひきつけて言えば、性欲は満たせても、性欲にまぶす恋愛感情、あるいは認められたい、孤独をいやしたい欲望もひっくるめた渇きは、いやせないということでしょうか。

　そして、その恋愛欲求が、婚姻制度をとるにしてもとらないにしても、あるいは相手が異性であれ同性であれ、ある程度の永続性を前提とした「対」の形になったとき、満たされたはずの欲望が、じょじょに、少しずつ、ときには急速に変容していくわけですね。

　私の場合は、恵子さんのようなドラマチックな展開もなく、友人たちからは「ほんとにシンプルだよね」と評される恋愛人生ですが（これからはわからないぞ）、だからこそ、去年読んだ松本侑子さんの短編小説集『引き潮』〔幻冬舎〕にはググッときました。なにに？　うーん、そうですね。かつてはドラマ「金曜日の妻たちへ」に描かれたような、このまま終わってしまうのだろうか、という焦燥感でしょうか。


　ところで、恋愛やセックスというときに、避けて通れないのが性感染症と妊娠。とくに、子どもがほしいと思っていないときの妊娠への不安は、快感を失わせてしまいます。なのに、映画や小説でもＨＯＷ ｔｏ ＳＥＸの実用書でも、セックス・シーンでコンドームやピルが出てこないことが多いのはなぜでしょう。性教育や医学、保健といったジャンルに囲い込むのではなく、エロスや恋愛のなかで避妊や予期せぬ妊娠、中絶などが語られ、背景に小道具としてさらりと自然に出てくればいいのに、と痛切に思います。

　それと同じように、たとえば、不妊治療をしていれば、セックスのタイミングを医師に指導され、女性は排卵誘発のためにたくさんの日々を病院に通い、人工授精や体外受精のために男性が精子をだす、こういった行為がふたりの性愛にどんな影響をおよぼすか。

　あるいは、今アメリカ合州国で力をもっている純潔性教育*によって、性感染症や避妊の知識を知らされないことが、十代の性愛にどのような影響を与えているのか（日本では、知識を伝えようという動きが始まってきたところで、ジェンダーフリーバッシングによって性教育を封じ込めようとしているわけですが）。

　こういうふうに、セックスという「秘められた」営みは、社会的・政治的なもろもろのことが貼りついて、ひとりひとりの気持ちや行動に浸入していきます。このもろもろのリストのひとつに、「障害者への差別」も並んでいる。そんなイメージが、恵子さんが考えている方向性なのかな、と思いました。

そして、「障害を持つ人独自の問題」を語ること、「障害者のセクシュアリティ」という枠を設けることへの違和感も、このあたりと関係しているのかな、と感じたのですが、どうでしょうか。

うまく言葉化できたとはいえないのですが、とりあえず、投げ返してみますね。

二〇〇五年一月二十三日

大橋由香子

＊純潔性教育

性について正しい情報をオープンに伝える性教育（包括的性教育 comprehensive sexuality education）に対する、宗教的・政治的反対運動として、公立・私立学校で「結婚までは禁欲プログラム」を実施し政府に資金援助させる動きが広がっている。このプログラムは、コンドームなど避妊具について触れない、触れるときは失敗率を話題にする、中絶やマスターベーション、同性愛についての情報は削除するなど、異性愛の一夫一婦制に基づいている。二〇〇二年五月の国連子どもに関する特別総会で、ブッシュ大統領はイラン、イラク、リビア、スーダン、バチカンと歩調を合わせ、思春期の若者向けに性的禁欲を勧める文言を強く要求し、リプロダクティブ・ヘルスケアに関する文言に反対。包括的性教育について詳述した文章を最終文書から削除することに成功した。

こうした禁欲教育を進める団体のひとつに「Focus on the Family」というキリスト教原理主義者の極右グループがあり、日本支部が「ファミリー・フォーカス・ジャパン」という名前で活動している。〔以上は二〇〇五年一月二十一日ジョイセフ主催の「バレリー・ディフィリポさんを囲む会」でのお話と配布資料より。バレリーさんは国際家族計画連盟（IPPF）の資金調達・渉外・広報部長〕

大橋由香子さま

三月に入ったのに、この前はものすごい雪でしたね。雪といえば、私が東京へ出てきた年の冬も大雪でした。二・二六事件以来の大雪と報道されたのを記憶しています。

前回の手紙に、セクシュアリティにかんして、「障害を持つ人独自の問題」がなんなのかを、当事者がきちんと出すべきなのかもしれないけれど、現段階ではあまり実りがないと私がみていることに、由香子さんは「小さな疑問符」を抱いた、とのこと。そこら辺をもう少し書いてみようと思います。私がそう考える最大の理由は、由香子さんが書いていたように、セックスというものがこの社会ではいまだに「秘められた」営みでしかないからです。このような日本の性風土のなかで「障害者の性」を語るとどういうことになるか？

障害に特化したHOW TOに流れるか、障害ゆえに性的関係を持つ機会がない、という、言うまでもない事実しか出てこないような気がするからです。健常者にとってあたりまえのことなら、障害者にとってもあたりまえ、だからやらせろ、という論理です。けれども、こと、この問題に関するかぎり、私はこの論理に手放しでは賛成できません。売買春にしても、風俗店通いにしても、それ自体を、男としてどう見るのか、女としてどう見るのか、そこを抜きにして、「障害者差別」は語れないと思うからです。いえ、語ってはならないと、私は思っているからです。

つまり、いまの段階では現象として、障害に特化したHOW TOに流れるにしても、性関係を結べないことが差別だという論理に流れるにしても、いわゆる「障害者の性」が「さらしもの」になるだけだと思うからです。『セックスボランティア』がぎりぎりのところで、それを回避しているのは、著者が「性欲にまぶす恋愛感情、あるいは認められたい、孤独をいやしたい欲望もひっくるめた渇き」をきちんと押さえたからです。

このあいだ、女の人たちの「おしゃべり会」で私と同じ障害を持つ人の話を聞きました。彼女はリブの時代を熱く生きた人です。生きる場こそ違っていたけれど、私には共感できることがたくさんありました。いちばんハッとしたのは、小学校四年生のときに「自分は選ばれないから、一人で仕事をして生きていこう、と思った」と、彼女が話したときです。私は小学校に上がるか上がらないころに、あるときふっと、私は大人になってしまったらどうなるんだろう？　お母さんのようにはなれない、どうなるんだろう、と、とても怖くなったのを覚えています。そして、考える力がまだない私は、大丈夫だ、そういう人はきっとそれまでには死んでいる、と合理化したものです。その私がここまで生きてしまいました、という感じですが。

この「選ばれない」というのが、キーワードだなと、彼女の話を聞いていて思いました。この「おしゃべり会」で、彼女の話を聞いてみんながあれこれ言ったなかで、よく覚えているのは、障害とは別の意味で、自分も「選ばれない」と思っていたよ、という発言です。「選ばれない」には、さまざまな理由があるということでしょう。それは裏を返せば、「選ばれる」基準が厳然としてある、ということでしょう。「選ばれない」さまざまな理由から、女への無言の圧力としてのしかかる「選ばれる」基準を明確にしたい。その作業のなかから、障害のあるなしに係わらない女としての同質性と、障害のあるなしに係わる女としての異質性を双方から確認できなければ、私の場合は女なので、「障害を持つ女性独自の問題」も抽出できないと、私は思っているのです。

のっぺりとした「障害を持つ人」ではなく、ジェンダーとしての障害を持つ男、障害を持つ女というところから考えないと、「男性と女性の違いはどこからくるのか、そして『サービスの有料提供』と『搾取』の境界線はどこにあるのか……売買春、セックスワークをめぐる、すっきりしない思い」を、整理できないのではないかと思うのです。その上で、障害にかかわりなく、ジェンダーの観点から問題ありだとすれば、問題ありなのです。

「選ばれない」という直感は、おそらく障害を持つ男には訪れないでしょう。訪れるとしたら、きっと「選べない」という直感でしょう。そのとき、男はどうするか？　健常者の男と同じように、性欲を満たすシステムとして用意されているサービスを障害のある男性も利用できるようにすることだけでいいのか。それは男たちが女をどう見ているか、どう接しているかの問題であって、それは「障害」の有無とはまた別の次元の話でしょう。

障害を持つ女の場合はどうか。その一例として大人になるまでに死ななかった私のことを考えてみると、若いころの私は稚拙な哲学をして強がると同時に、「男と寝ることはない」と、どこかで思いこみ、あきらめていたようなところがあります。たとえば、男の前でどうやってコルセットをはずすんだよ、雰囲気ぶちこわしだろうが、などと本気で思ったものです。

性関係を持つことをリアルに想像できない、経験できない、障害を持つ女性には、おそらく、「恋愛やセックスというときに、避けて通れないのが性感染症と妊娠」というふうに、にわかには考えられないでしょうし、ましてや「子どもがほしいと思っていないときの妊娠への不安」は、想像できないでしょう。

つまり、『車椅子の高さで』（43頁コラム）のナンシー・メアーズの言葉を借りれば、「性の問題は語られるまえに閉ざされ」ているのです。だからこそ、たとえ「女」であろうと、「障害者」にくくられて生きていると、例の障害者差別禁止法案の「出生」の項に敏感になれなくなって当然なのです。これは言ってみれば、「障害」ゆえに「女の問題」を共有できない、という構図です。

昔々のエピソードを思い出します。姉の友人が家に泊まりに来たときのことです。とてもきれいでスタイルもいい、私にはまぶしいほどの女性でしたが、その彼女が、話の前後関係は覚えていないけれど、「そうよねえ、あなただって女なのよねえ、子どもだって産めるし……」と、私につぶやいたのです。そのとき私は、あなただって女なのよね、と再確認されなければ、私は女ではないのだ、という複雑な思いの一方で、「女」だと言われたことがどこかでうれしかったのを覚えています。若いころの私は「類としての女」につながっているという自信がなかったわけです。

こうした形での「女」のとらえ方は、いまから思えば、なんとも窮屈で、社会からの見えないメッセージをそのまま内面化したようなものです。これってどこか違うんじゃないか、と疑いだしたのは、「知識」として女性解放の思想を仕入れたあたりからです。そして前回の手紙に書いた「怒濤」の数年間に、「妊娠してしまう女の性」という軛《くびき》を実感して納得という道をたどります。

それにしても、もっと自由な女のモデルが、もっと自由な障害を持つ女のモデルが若いころにあればよかった、と、つくづく思います。女がもっと自由であれば、もう少し早く自由になれたのではないかと思います。

私がたいそうに、「家族のあり方や、地域社会のあり方など、関係する社会の枠組みに、『障害者』という存在を含みこんで、それらのあり方を、障害のあるなしではなく、ジェンダーとしての男と女というところから、まったく新たに創造していくしか道はない」と書いた中味を平たく言えば、先に書いた女たちの「おしゃべり会」のような試みを積み重ねてゆくことで、セクシュアリティに貼りついている社会的、政治的な意味を、まずは類としての「女」というところから解き明かし、そこからさらに、類に含まれているはずの「障害を持つ女性独自の問題」を探るのが筋ではないかと思っているというだけのことなのです。

だから「セックスという『秘められた』営みに貼りついている社会的・政治的なもろもろのリストのひとつに、『障害があること』も並んでいる。そんなふうになることが、恵子さんが考えている方向性なのかな、と思いました。そして、『障害を持つ人独自の問題』を語ること、『障害者のセクシュアリティ』という枠を設けることへの違和感も、このあたりと関係しているのかな、と感じたのですが、どうでしょうか。」という由香子さんの観測はかなり近いです。由香子さんの「小さな疑問符」が解消されたかどうかは心許ないのですが。

ところで、障害者自立支援法案*なるものが、国会に上程されました。それに対して異議ありの抗議行動があったようなのですが、うかつにも私は知りませんでした。新聞にも報道されなかったようです。こうして知らされないままにいろんなことが決定されるこのところの状況が気になります。インターネットの関連サイトを読むかぎり、「自立支援」法とは名ばかりで、結局は国のお恵みで足りない分は家族に面倒みてもらえ、ということのようです。ああ。

ふと思いました。北欧の国々の社会保障やフリーセックス（?）を支えている思想的基盤はなんなのだろうと。

二〇〇五年三月十日　　　　　青海恵子

＊障害者自立支援法

二〇〇六年四月施行。「自立」を名目に、障害者に医療費や福祉サービスの原則一割負担を導入、仕事を提供している通所施設にも利用料が課されることになった。介護保険制度と同様、介護サービスを受けるさいの障害程度区分、認定が一律化されたことで必要なサービスが受けられない場合もある。負担増によりサービスを受けられない人が増える一方で、障害者施設への報酬削減による福祉サービス全体の縮小が危ぶまれるなど、むしろ障害者の「自立」を阻む法律ではないかとの意見が多く出されている。

青海恵子さま

少しずつ暖かい日が増えてきて、大好きな沈丁花《じんちょうげ》の香りに思わず頬がゆるむ今日この頃です。とはいえ、二、三月は仕事がたてこんでしまい、請負先の会社に深夜まで詰めて、終電に間に合わない日が何日かつづくと、さすがに疲れが蓄積し、「このなかに正社員は何人いるんだろう」と思いながら仕事していました。契約社員や派遣社員、アルバイト、私のような外注スタッフ……。労働形態の見本市みたいでした。

気分転換が必要だと自分に言い聞かせ、きのうは、子どもたちが通っていた小学校が廃校になる「お別れ会」に少しだけ行ってみました。イベントというわけではなく、校庭や校舎に自由に出入りでき、おしるこが校庭でふるまわれ、体育館には昔からの写真が展示されているという、ささやかで、あたたかい雰囲気でした。

親たちや教員たちの多くが、この学校を廃校にした教育委員会や区議会に対して怒りと不信感を心の奥底にためているような、なぜこの学校がなくならないといけないのか、という不条理と寂しさがただよっているのを感じました。（もちろん、統廃合やむなし、賛成の人もいるのですが）。

校庭のあちこちでおしゃべりしたり、ボール遊びをしたりしていた小学生や卒業生の子どもたちは、どう感じていたのでしょう。「卒業までこの小学校に通いたい！」と言っていた小学生たちは、現実に折り合いをつけながら、四月からは別の小学校に通うことになります。

さて、私の「小さな疑問符」に応えてくれて、ありがとう。

「性関係を持つことをリアルに想像できない、経験できない、障害を持つ女性」という恵子さんの言葉に出会ったとき、うろたえる自分がどこかにいます。わかっているつもりでいても、やっぱり想像力が及ばず、気づいていなかったり、前にも聞いたのに忘れていたり、つまりはわかってないんだよねえ、と。そもそも、わかっているつもりだったの？　と。

だからこそ、「それぞれの立場」からの固有の経験や思いを出し合う意味があるのだろうし、同時にそれは、「それぞれの立場」と立場を限定しないで、一人ひとりが自分のことを語るということに尽きるのかもしれないなあ、と思います。

そして、こんなことも感じました。もし、さまざまな「立場」や「属性」をもつ人が恋愛やセックスについて自由に語りあったときに、「選ばれない」という感覚を抱いている人は、おそらく性別でいうと女性が多いのではないだろうか。

世代によって変化している可能性はあるけれど、「選ばれない」という感覚と、その前提にある「選ばれるべき存在」「選ばれたいという願望」は、「性別欄：女」（自称もふくむ）に共通するものだと思いませんか？あるいは、「選ばれる存在、それが女性である」なんていう定義を、どこかの国の誰かさんが言っていたような、いないような……。

恵子さんの「類としての女」という言葉にもハッとしました。もはや「女」ではくくれない。女にも階層分化や二極分化が進んでいる、という指摘が多くなされます。女にかぎらず、経済的・社会的格差が広まっているのは、日々痛感するところです。あるいは、女性解放運動＝思想がいう「女」とは、先進工業国の、中流階級の、その国の支配的民族の、健常者の、異性愛の、婚姻制度内の（以下サラニ続ク）……に過ぎない、という指摘も正しいでしょう。

けれど、そうした「違い」をナシにして頬かむりをするためではなく、その「違い・差異」を貫き、違いに応じた変化を加えながら襲ってくる「女」という存在への差別や抑圧のことを、やっぱり問題にせざるをえないし、それにたいする反撃の仕方を考え、実行しないわけにはいかない。それがフェミニズムだと私は思うのです。そして、差別や抑圧が生まれる口実（原因）になることとは、裏をかえせば、女である人がとても大事にしている、すてきなところでもあるわけですよね。

的外れなジェンダーフリー・バッシングでは、フェミニズムは男女の違いを無視しているとか、中性になろうとしているとか言うわけですが、あまりの無知に涙も出ません。そんなもったいないこと、しませんよ。

と、少し脱線しましたが、抑圧の要因にもなり、醍醐味にもなるという両義的なニュアンスが「類としての女」という言葉から伝わってきたのです。

つまり、恵子さんの「妊娠してしまう女の性」は、「妊娠できる女の性」というある意味では肯定的・積極的なものでもあり、しかし同時にそのことがプラス面をもつからこそ「妊娠できない」ことに、やるせない複雑な思いが生じるわけです。

　そう考えていくと、個々の女が日常生活を送るなかで感じる、うれしさや悔しさや落胆や興奮やなにやかやが、それぞれの経験と絡み合って影響し合って、怒りを増幅させたり、悲しみをやわらげたり、あきらめることができたり、妬ましさが生まれたり……そんな人生模様が思い浮かんでくるのです。

　そして、「負け犬」〔酒井順子著『負け犬の遠吠え』講談社〕だとか「オニババ」〔三砂ちづる著『オニババ化する女たち』光文社新書〕だとか、書いているご本人の主張はひとまず別にしても、世間が面白がって使うレッテルに、いちいち反応するのがもうアホくさい、というかんじ。

　というわけで、障害を持つ人（あるいは女性）の独自の問題を当事者が語ることから始めるという「当事者主義」は必要だし大事なことだとしても、それが「当事者絶対主義」になる必要はないわけで、私の小さな疑問符は、こうして雪がとけるように消えていきつつあります。

　でも、疑問符が消えたのは、今回の恵子さんのお便りにあったような、「おしゃべり会」での障害を持つ女たちの話を紹介してもらい、その内容を共有してくれたからだとも言えます。あるいは、ちょうどこのまえ、別の雑誌のインタビュー〔本書93頁所収「『迷惑』をおそれていたら私は自分を生きられない」〕での恵子さんの体験も、聞いて初めて「そうなんだあ」と気づかされることがあります。

　まずは、自分のこだわっている、あるいは自分がそれで苦しめられている立場や属性を同じくする人たちが集まって語り合うことが、やっぱり大切なのでしょう。一人ひとりが、そういう「場」や「空間」を見つけて、自分の経験を話したり人の体験を聞いたりしておしゃべりする。さらにその思いを、「違う・異なる」日々を送っている女たちに、伝えあっていく。そういうことができていけばいいなあ。おもしろい発見や、思いもかけなかった驚きが、「女」が決して単一ではないことを教えてくれるのではないか。

　そして、そういう動きは、「運動」という場面にとどまらず、あちこちで生まれていると思うのですが、楽観的すぎるでしょうか。

　なんだか、恵子さんがこの前の手紙で言っていた「障害のある者とない者が同じ土俵にのって」ということに、たどりついたみたいですね。

きょうは、ちょっと前に発行された本ですが、『体の贈り物』（183頁）について書こうと思っていたのですが、なにやら、古典的なテーマについて書いてしまいました。もうすぐ桜が咲きそうです。うれしい花見の季節です。ではまた。

二〇〇五年三月二十七日

大橋由香子

青海恵子さま ●●●●●

新緑の季節になりました。このまえの手紙で触れた『体の贈り物』という本に関連して考えたことを、きょうは少し書いてみます。

恵子さんは美容院に行くの、好きですか？　私はけっこう苦手です。自分のからだの一部を他者にゆだねる日常的な行為のひとつ、という気がするのですが、これがなんとも、ぎこちなさを伴うのです。気がつくと一年近く髪を切ってなかったということもあり、行きつけの美容院では、「めったに来ない客」として認知されています（一年に一回で「行きつけ」もないですね）。

行くまでは億劫《おっくう》でも、シャンプーをしてもらい、肩や頭をマッサージしてもらうと気持ちよくて、よだれが出そうになります。「今度はマッサージやエステにも行きたいな。性感マッサージもいいなあ」とその瞬間は思うものの、まだ実行したためしがありません。単にものぐさなのですが、どこかで苦手意識があるのです。

下の息子は持病の治療もかねて針灸院に通っていて「気持ちいいよ」と言います。だけど私は、いまだに針がこわい。針に限らず、からだをゆだねることに慣れていないというか、臆病なのです。必要に迫られれば、そんなことは言ってられないでしょうけれど。あるいは、身をゆだねることではなく、サービスを受けることに慣れていないのかもしれません。考えてみれば、タクシーに乗るのもあまり好きではない。運転手さんとのおしゃべりは楽しいけれど、けっこう気を遣って私が質問したり話題を提供したり。なんだか疲れる。

そういう人間が、病気やけがをして誰かに身をゆだねなければいけなくなったら、大変だろうことは容易に想像できます。将来のために、今から少しずつ慣れておかないと。まずは足裏マッサージから、などと考えています。

恵子さんが、電動車椅子を利用するようになり、介助者なしで移動するようになってから、事情があって手動車椅子を周囲の人が持ち上げて階段をのぼるとき、息をひそめて、自分をモノであるかのようにした、といつか書いていました。それを読んだとき、貧しい想像力をふくらませて、私にもそれに近い感覚があるとしたら、「満員電車かな」と思いました。車両のなかにぎっちり詰めこまれ、触れ合うどころか密着せざるをえない人、人、人。自分も周囲も、人間じゃなくてモノのように息をひそめているときに近いのかな？　と。でも、介助を受けるときにいつも、自分をモノのような感覚にするのでしょうか。そんなことはないようにも見えるのですが。とくにからだが触れ合うような介助では――介助者との関係性にもよるのでしょうが――どのようなかんじなのでしょう。

こんなぶしつけなことを聞きたくなったのは、この前読んだ『体の贈り物』に関係しています。この本は、十一篇からなる短編小説集でもあり、全体がひとつのお話にもなっています。目次をみると、汗の贈り物／涙の贈り物／死の贈り物／飢えの贈り物／希望の贈り物……とあり、いったいどんな話だろうと思いながら読んでいったら、タイトルから想像した内容とはずいぶんと違っていて、なるほど、そうかぁ、とページをくるごとに、しみじみと引き込まれていきました。と書いても、なんのことやら、わかりませんよね。一言でいえば、ＨＩＶエイズになった人たちの、身の回りの世話を仕事にしている女性が、彼女、彼らとの関わりを描いたもの……と説明してしまうと、この本の魅力が伝わらなくなってしまうのが、とても悔しい。とにかく「読んで！」と言いたくなる本なのです。

そこで感じるのは、あるいは考えるのは、身をゆだねること、世話をしてもらうことをめぐる、「する側」と「される側」の間の、切なくて、あたたかくて、悲しくて、でも決定的に違う……感情の交流／断絶です。『体の贈り物』の場合は、死がすぐそこまで近づいているプロセスですから、障害者の介助とは全く違うのかもしれません。それでも、どこか重なり、シンクロしているかもしれない、と恵子さんの意見を聞いてみたくなったのです。

身近な人が死を迎えるときに、元気な自分がどうしたらいいか戸惑う、というシーンは、やはり翻訳もので以前にも読んだことがあるなあ、と思い出したのが『モリー先生との火曜日』（183頁）です。こちらは、スポーツ記者のミッチ・アルボムが、大学の恩師・モリー先生をテレビで久しぶりに見かけたのですが、先生はALS（筋萎縮性側索硬化症）になっていた。久しぶりに会いにいった恩師は、「憐むより君の問題を話してくれないか」といい、毎週火曜日、先生を訪ねるようになる、という話です。

自分ではできないことがだんだん増えていくモリー先生が、誰かの手を借りなければいけないという現実を受け入れることのむずかしさも、さらりと描かれていました（私には、モリー先生の妻も印象的でした。彼女はいろいろと夫のためにケアをしますが、一方で他者による介護サービスを使いながら、自分の仕事や生活も維持しています。周囲が「妻の犠牲的・献身的介護」を要求するムードが漂っていないことが、不思議というか羨ましく感じられました）。

成人になってからの進行性の病気（障害）と、恵子さんの場合とはずいぶん違うのだろうけど、この「世界」に関しての、障害者の日常の営みと豊富な経験は、もっともっとみんなに開かれ、共有化されるべきだなあ、と思います。障害学という形で、すでにその試みは始まっていますが。

『体の贈り物』のことを著者のブラウン自身はこう語っています。「これは私が今までに書いた一番リアリスティックな物語で……ほとんど宗教の修養書みたいな本です。私たちがふだんは当たり前すぎて考えもしない、肉体をめぐるささいな、日常的なことをひたすら見つめる本です」。

訳者の柴田元幸さんは、レベッカのことを「個人と個人の濃密な関係を呪縛的なリズムを持つ文体で書く作家」であり、同時に「『介護文学』のすぐれた書き手」でもあると説明しています（柴田元幸編訳『柴田元幸と9人の作家たち』アルク）。彼女のふたつの側面があるとしたら、『体の贈り物』は「介護文学」のほうの傑作だと言えますが、もうひとつ『家庭の医学』（レベッカ・ブラウン著、柴田元幸訳、朝日新聞社）も、ジーンときました。こちらは、レベッカの母がガンにかかって弱っていくさまを描いています。

恵子さんのお母さんもこの冬ケガをしたと言ってましたよね。私の母も骨折したのですが、今はかなり回復しました。周囲を見ても、親の介護と向き合っている知人がたくさんいます。

それにしても、これらの翻訳書を読む限り、介助サービスの提供やそれを支える思想に関しては、やっぱりアメリカ合州国はススンデル、と思わざるをえません。その進歩的側面と同時に、自国の正義と利益のために、他国を侵略する野蛮さをあわせもっていて、なんとも複雑な気持ちになります。他国の人間を抑圧することで築かれた経済的豊かさ、それによって可能になる「人権」であってはいけないと思うのですが。

『リトル・バーズ――イラク　戦火の家族たち』（184頁コラム）という映画を観たところですが、自国で尊重されているもろもろが、他国の（この場合はイラクの）人々に対しては、なぜ全く無視できるのか。この二重基準《ダブルスタンダード》が保持できてしまう恐ろしさ。「人権先進国」が「イラクの人々を解放する」ためにその地の人びとを殺してしまう――しかも最前線に行かされるアメリカ兵士は、アメリカ社会の周縁部にいる若者であるという――やりきれない現実です。

そして日本は……。「近代化」にともなう「進歩的側面」が実現しないまま、以前からある共同体的ななにがしかは消え、今度は「国家」や「家庭」のもとに個人をおさえつけ、アメリカに尻尾をふってイラクへ自衛隊

体の贈り物

レベッカ・ブラウン著、柴田元幸訳／マガジンハウス、二〇〇一年

モリー先生との火曜日

ミッチ・アルボム著、別宮貞徳訳／日本放送出版協会、一九九八年

を派遣している。この国の貧しさは、どうしたらいいのでしょう。
まとまりませんが、お返事お待ちしています。

二〇〇五年五月九日

大橋由香子

リトル・バーズ

～イラク―戦火の家族たち

綿井健陽監督、安岡フィルムズ制作／二〇〇三～〇五年。アメリカの空爆が始まる数日前のイラクの日常風景から映像は始まり、突然の爆撃で家族を殺されて泣き叫ぶ人、足や手、視力を失い、嗚咽する人々が映し出される。こうした現実にはカメラを向けず、能天気にサマワの自衛隊員の食事風景を写している日本のマスコミ。「戦争で人を殺すために、人間は生まれてきたわけではない」――三人の子を殺された父親の言葉が心にひびいてくる。
ホームページ
http://www.littlebirds.net

DVD
『リトル・バーズ』
（MX202S）
発売・マクザム

潜水服は蝶の夢を見る

ジャン＝ドミニック・ボービー著、河野万里子訳／講談社、一九九八年。ファッション誌「ELLE」の編集長、四三歳の著者は妻と離婚。息子と芝居を見に行くため自動車を運転していて脳出血をおこし、ロックトイン・シンドロームという身体的自由を奪われた状態になる。唯一動かせる左目のまばたきで意思を伝えて、この本を書いた。重たい潜水服のような不自由さと、蝶のように自由に舞う想像力。生きるとは何か、考えさせられる。二〇〇八年に映画化された。

（O）

大橋由香子さま

美容院ですか……そうですね、行かずにすむものなら、そうしたいものの一つです。私には、この美容院さがしに悩まされてきた歴史があります。入り口が広くて段差がなくて、椅子をどけられる美容院は、いまでこそどっかにみつかりますが、むかしはほとんど皆無でした。ここ数年は、近くのスーパーの二階にできた美容院に行っています。それ以前に行っていたのは、新装開店の葉書を見て、どれどれと行ってみて、運良く見つけた美容院です。ところが、年に二、三回、私の髪を切ってくれる店長の男性美容師が、私が行くといかにも居心地悪そうで、こっちがかわいそうになったほどです。やがて店長は女性に変わり、対応はよくなったのですが、おしゃべりが煩わしかった。美容院でのおしゃべりは私も苦手です。サービス精神が欠けているせいか、必要以外はほとんど自分からはしゃべりません。それでも気まずくならない美容院が好きです。

ところで、由香子さんの満員電車の話は、なかなかおもしろかったです。満員電車は別の意味で、私にとっても恐怖です。満員電車で怖いのは、車椅子にすわる私は立っている人たちのあいだに埋もれてしまうので、へこんでいるところが空いていると思うのか、人がどんどん乗ってくることです。私は電動のコントローラーを必死で防御しています。人の荷物が引っかかって電源が入り、コントローラーが動こうものなら、私の電動車椅子は電車のなかで凶器と化します。車椅子の私がここにいます、と幟でも立てたくなります。

さて、由香子さんが触れていた『体の贈り物』、私も読んでみました。とてもいい本だと思いました。なにがよかったのか。語り手であるホームケア・エイド（介護者）のケアされる者へのスタンスとまなざしだと思います。これはたぐいまれな才能とも言えるものだと思います。彼女がクライアントのコニーの家を初めて訪れたとき、コニーは体が弱ってきたからエイドを入れることにしたのに、彼女を「お客さま」として迎えたがっている、それを彼女はきちんと受け止め、コニーのこれまで維持してきたプライドや尊厳を守りますよね。

人はだれでも、病気や障害、さまざまな理由で生きる上で人の手を借りなければならなくなったとき、いちばん辛いのは、そのことによって自分が誰にも必要とされなくなる、と感じることかもしれません。他者をもてなすことができる、喜ばせることができる、それはきっと、他者との関係のなかで自らの存在を確認できる瞬間なのだと思います。このことに気づいたのは、『車椅子の高さで』を訳していたときです。

『体の贈り物』の余韻のなかで、介助を受けるときってどんな感覚か、という由香子さんの問いかけを考えていました。このことで、それは違うよ、といまでも覚えているのは、まだ手動車椅子を使っていて、抱き上げてもらうことも多かったころ、「いいなあ、私も○○くんにお姫さまだっこしてもらいたいなあ」と、友人の一人がうらやましがったときです。私が介助の一環として「抱き上げられる」ときには、感情とは無縁のところにいます。その人に純粋な意味で抱き上げられることを、私は選択しているのでも、望んでいるのでもなく、自分がしたいことをするために必要な手続きをお願いしているにすぎないという、きわめてビジネスライクな感覚です。たとえ抱き上げてくれる人が、私の大好きな人だったとしても、その感覚は変わらなかったのを記憶しています。でも、こういう感覚は人それぞれで、その人なりの考え方や感じ方のちがいが反映されるものだと思います。

私にとって、一人でできないことがあるという事実は、子どものときからいまに至るまで、そしてこれからもつづいてゆく状態です。それ故に、そのこと自体をあまり対象化して考えない、というか、対象化する経験を持たないから対象化しにくい。そうなると、自分の経験を、無意識のうちに、理屈や強がりから、あるいは対社会的な発想から語りがちになるという側面があります。先に書いたような私の感覚も、そこに起因しているかもしれません。そんな私に、障害なしに生きてきた経験と、障害を持って生きる経験を語ったナンシー・メアーズの『車椅子の高さで』は、これまで無意識のうちに封じこめてきた私自身の感情に気づかせるという作用もありました。そして、私自身が加齢によって、若いころには一人でできていたことができなくなってきたという事実も、それまでとは少し違う見方をさせている気もします。

『体の贈り物』を読んで、ケア、ということを考えていたときに思い出したことがあります。もう十五年以上も前に、「あなたって、ほんとに、すみません、が多いね」と言われたことがあります。私はぎょっとして、「え？　ほんと？」と思わず聞き返したものです。でも、ぎょっとしたのは、思いあたる節があったからです。愕然としました。

私の「すみません」を指摘した人は、さらに続けて、「私たちの社会が、あなたに、すみません、を言わせてきたんだね。それを無言のうちに強要する社会だったんだね」と。私が大人になるまでの時代、そして大人になってからも、私のような者に「すみません」を無言のうちに強要してしまう社会のあり方は、厳然として存在していました。自分ではそれに反発しているつもりだったのに、実はそうではなかった。それが私の「すみません」だったのです。あれ以来、人の手を借りたときは意識して、すみません、ではなく、ありがとう、と言うように努めました。その甲斐あって、いまではだれに対しても、ありがとう！「すみません」には、自分が悪い、という思いがあります。生きていてごめんなさい、というニュアンスがあります。それに対して、「ありがとう」には感謝の心があります。もし、ケアの本質はなにかと問われたら、ケアする者と、ケアされる者との間に、お互いに心から「ありがとう！」と言える関係があることだと思います。『体の贈り物』には、それがしっかりと息づいているような気がしました。

そして、もう一つ、むずかしいけれど大事なことだと思ったのは、エイズの患者さんに介護者を派遣する組織が、組織としてきっちりと、本人の選択を保障していることです。どんなにケアする側が、これが本人にとって最善と思っても、決して無理強いはしない。選択肢を提供して本人に選択させる。これはできそうでなかなかできない。日本では特にそうだと思います。

支援費の介護保険への統合をにらんで、厚労省から今国会に提出された「障害者自立支援法（グラウンドデザイン）」案（176頁参照）は、支援とは名ばかりの、障害者の自立をむしろ「阻害」する法案です。必要な介助を自分で選択できると銘打って導入された支援費制度が、まだ三年目にしか入っていないのに、国の財源不足を理由に、障害者の暮らしに必要な介助を保障する支援費の改正（改悪）が行われようとしています。この法案の背景にあるのは、「働かざる者、食うべからず」の精神だと私は思います。

つまり、働けない＝役に立たない存在を国が面倒をみることは、働いている＝役に立っている大多数の人たちの理解を得にくい、彼らはそう考えているのではないでしょうか？　それは、こちら側からすれば、青い芝の運動から始まって、自立生活運動のなかで組み替えてきたはずの「働く」、あるいは「生きる」という概念を、広く人々のなかに浸透させることができずにいるということと、国の側からすれば、政府が鳴り物入りで推進した国際障害者年の「完全参加と平等」、つまりノーマライゼーションの理念も、お得意の換骨奪胎でつじつまを合わせてきたにすぎないということを物語っています。

支援費の統合が目論まれている介護保険にしても、ケアマネージャーがケアの中味を決め、しかもケアの中味も細分化されて、それぞれに単価も違う、という状況では、ケアされる者が受けたいケアを選択するなど、ほとんど不可能といっていいでしょう。私のところに来ているヘルパーさんを見ていてもわかることですが、ケアの現場を担う、末端のヘルパーさんの労働状況も厳しくなる一方のようです。これはケアの中味としての仕事、たとえば家事であったり、身体介護であったり、いわゆる伝統的に「女の役割」とされてきた他者をケアする仕事が、いまだに軽んじられているということでもあります。

『体の贈り物』に出てくる、エイズの患者さんへのケアを提供している組織はNPOで民間からの助成金で運営されています。アメリカにはこうしたNPOが数多くあるようです。その層の厚さが、人材の面での質の高さを支えているのだろうなと思います。

さまざまなことを考え合わせると、アメリカという国は、たしかに「自国の正義と利益のために、他国を侵略する野蛮さ」を持つ一方で、ノーマライゼーションという思想を生み出した北欧の障害者たちから、「なんと野蛮な国か」と批判されながらも、人々のあいだにその思想を根付かせてもきたのだと思います。

さて日本はどうかというと、アメリカの進歩的側面が普及する前に、「国家」や「家庭」のもとに個人をおさえつけ、アメリカに尻尾をふってイラクへ自衛隊を派遣しているこの日本の貧しさを嘆く由香子さんの嘆息に、私もため息をつくしかありません。長くなりました。それではまた。

二〇〇五年五月二十日

青海恵子

記憶のキャッチボール

第５章　2005.9～2005.12

青海恵子さま ●●●●●

この夏、恵子さんは新しい住居へ引っ越されたのですよね。荷物はもう片付きましたか？

同じ区内とはいえ、ご近所というにはちょっと遠い距離でしたが、いざ、転居したと聞くと、なんともいえない寂しさを感じてしまいました。

考えてみると、ふたりともいわゆる「団地」と呼ばれる建物に住んでいましたね。限りなく灰色に近い白い壁のせいか、長方形の形状からか、団地というと、巨大な豆腐を思い浮かべてしまいます。

最近のマンションは、パティオがついたり複雑な形になったりして、入り口にはオートロックがあるし、同じ集合住宅でも、団地とは段違い（笑い）。団地のような建築物＝住居形態は、今後は歴史的遺物になりそうです。

きのう、たまたま見ていたテレビで、千葉の松戸にある団地で、四十代、五十代男性の孤独死が増えていることを取り上げていました（NHKスペシャル「ひとり団地の一室で」）。

ちょっと前に見聞きした孤独死は、七十〜八十代の高齢者のケースが多かったのに対して、この番組では、リストラや離婚によって、仕事も家族も失った四十〜五十代ひとり暮らしの男性が増えていること、彼らが近所づきあいもせず、部屋に引きこもっていて、急死しても周囲が気づかないことを映像で追っていました。

自治会活動をしている七十代の人が、そうした年下の単身男性の部屋を訪問して、片付けられない部屋を掃除してあげたり、相談に乗ってあげたりしていました。

郵便ポストや階段、鉄のドアなど、団地特有の雰囲気は、恵子さんの高層団地にも、うちの四階建て団地にも似ていて、身につまされます。

私が住んでいる団地も、管理者が変わり、住む人も入れ替わり、隣近所のつきあいが希薄になっているのを感じます。「最近の若い人は会っても挨拶しない」と古くからいる友人は怒っていて、「年長者から挨拶しないとダメなのよ」とたしなめたりしています。でも世代の問題ではなく、一番の要因は、草むしりを業者に頼むようになったからだと私はにらんでいます。

以前は、月に一回、草むしりをしていました。私が越してきた十五年くらい前は、平日の昼間でした。草むしりをするのは「妻」というのが前提であり、「妻」は昼間いるもの、というのが常識だったのでしょう。やがて、土日に設定されるようになったのは、共働きが増えたことと、単身赴任の男性が増えたせいだと思います。土日になると、自然と男性の参加者が増えてきました。

夏は暑くて汗だくになるし、冬は寒いし、春夏秋冬、腰は痛くなるし、「なんでこんなことしないといけないの?」という声が強くなってきて、ついに共益費を値上げしてでも業者に頼もう、という意見が大きくなりました。若い入居者が多くなって、赤ちゃんが増えたことも、草むしりをする余裕がなくなった理由でしょう。

いわゆる便利屋さんが機械を使って草むしりするようになって、たしかに楽になりました。土日は、学校関係の行事やPTA関係の集まり、さらには運動関係の集会やイベントと重なるので、「ラッキー」と喜んでいました。でも、気がついたら、同じ団地の人としゃべる機会がめっきり減ってしまいました。

月に一回、定期的に顔をあわせ、しかも一緒に作業をすることは、いろんなことを共有できる時間だったのです。やっているときは「めんどくさい」と思っていた他愛のないおしゃべりも、懐かしく感じるから不思議です。新しく越してきた人と、一緒にしゃがんで草をむしりながら「どちらからいらしたんですか?」と声をかけることから、話がはずむこともあります。もちろん、近所づきあいというと、隣組的な相互監視の側面もあるし、いいことばかりではないけれど、毎日を暮らす空間でのコミュニケーションや風通しをよくするには、適度なおつきあいが大事だな、と思います。あらまあ、なんだか町会の広報誌みたいになっちゃいましたね。

合理化できて、時間も節約できて、疲れなくなったけど、それだけ顔をつきあわせる機会が減ってしまった。その損失は、思っていた以上のものだったのではないか。団地の草むしりに限らず、いろいろな場面で感じることです。

先のテレビ番組でも「顔をつきあわせて話す」のが大事だよね、みたいに言っている場面がありました。電話もメールもファクスも手紙もいいけれど、やっぱり顔つきあわせて表情や声を聞くのは格別です。そう思うと、引越しする前に恵子さんに会いに行けなかったことが、よけいに悔やまれるのでした。
そして、そうした合理化や時間節約をおしすすめる原動力に「女の解放」や「フェミニズム」はどう関係していたのだろうか、と思うことがあります。
引っ越しに加えて、九月にはアメリカに行っていたのですね。変化に富む恵子さんの一か月のこと、お聞かせください。

二〇〇五年九月二十五日　大橋由香子

追伸
近所づきあいは大切、なんて書いてたら、同じ団地の住人が国勢調査をもってきました。うーん、やっぱりこういうのは、いやですよねえ。

追伸二
団地の郵便受けに珍しいチラシが入っていました。「自衛官募集中　2等空士（男子）十月要員募集」「採用試験日十月四日、六日、入隊日十月三十一日」とあります。ずいぶん急な募集ですが、うちに十代の男の子がふたりいることを知って入れたのでしょうか？　なんだか狙われているようで不愉快です。団地住民に不快感を与えるチラシをまくと、立川反戦ビラ事件みたいに逮捕されるんじゃないのかしら？　防衛庁・自衛隊さん、いいんですか？

大橋由香子さま

台風が去った日の夕方、買い物を終えて見上げた空は真っ青に澄んで、もうすっかり秋の空でした。引っ越して一か月あまり、しばらくは荷物が片づかなくて、まるで仮住まいのような居心地の悪さがありましたが、なんとか基本的な生活に困らないぐらいには片づき、少しずつこの家にもなじんできています。それでも、まだまだ、あそこはこうしたい、ここはこうしたいと、ホームセンターに行ってはあれこれ買いこんでいます。しっくりくる住まいを形づくるにはなかなか時間がかかります。

この夏は、まさに怒濤の夏でした。引っ越しが決まったのは、五月の末。二十年以上も住んだ団地の一室を引っ越すには、まず要るものと要らないものを分けて、要らないものを捨てるところから始めなくてはなりませんでした。そう覚悟を決めて、少しずつ片づけ始める一方で、引っ越し先の改造に取りかかりました。

引っ越した先はかなり築の古い中古マンションですが、車椅子が二台すれ違えるだけの広さがあり、トイレ、洗面所、風呂場も一か所に収まっていて、ある程度の広さもあったので改造のしようがあるし、なんといっても駅に近かったので決めました。六月半ばから七月一杯で改造が終わり、引っ越せるようにはなったのですが、八月上旬にフットルースのプログラムを控えていたので、引っ越しはそれが終わってから。

プログラムが終わって、やれやれと一息つきたいところでしたが、その暇もなく、引っ越し準備の大詰めに突入。団地の狭い一室のこと、問題は荷物を詰めた段ボールをどこに積み上げるか、でした。車椅子の導線を確保しつつ、段ボールの置き場所を作る、まさにパズルでした。

私としては、引っ越し当日までに、かなり準備をしたつもりでした。段ボールも着々と積み上がっていました。ところが当日、臨戦態勢の引っ越しのプロのおじさんたちが、押し入れの奥や天袋から思わぬ荷物をつぎつぎと引きずり出し、そのたびに、これはどうします？　あれはどうします？　と、私にたたみかけ、うろたえる私を尻目に、あれよあれよ、という間にすべて段ボールに詰めこんでしまい、二時間ほどで住み慣れた団地の一室は綿ぼこりだけのがらんどうになっていました。

感慨に浸る間もなく、電車で引っ越し先へ。引っ越し先のマンションに着くと、すでに引っ越し屋さんの車は着いていて、引っ越しのプロたちはまたもや、これはどの部屋に、これはどこに、と疾風怒濤のごとく家具や段ボールを運び入れ、二時間ほどで風のごとく去ってゆきました。入れ替わりに開梱のおばさんが二人やってきて段ボールを開いてゆく。またしても、これはどこに、あれはどこに。どこになにをどう入れるか、一応は考えていたはずなのに、もうそんなのは吹っ飛んでいました。とりあえず段ボールを減らして適当に詰めこんでもらい、なんとか寝る場所だけは確保して、その日は終わりでした。

それからの一、二週間はもう大変でした。二十数年ぶりの引っ越しでしたが、これほど大変なことだったとは!! 引っ越し屋さんにとって引っ越しは日常、引っ越すほうにとっては非日常、このギャップも大きいと思いました。コミュニケーションが成立しない。もう引っ越すことはないと思いますが、荷解きを手伝ってもらうより、荷物を詰めるほうをやってもらったほうがよかったかもしれないと、いまにして思います。荷解きはコミュニケーションの取れる人とゆっくりやるべきでした。実際そうなってしまいましたから。それからの日々は、なんと形容すればいいのでしょう。団地の一室を彼が片づけに行くたびに、置き去りにされていた荷物が紙袋で持ちこまれ、片づけても、片づけても、荷物が追いかけてくるという感じでした。

今回の引っ越しでわかったのは、私にとって片づいていないこと自体がものすごいストレスになるということでした。さまざまな物たちがあるべき場所にきちんと収まっていないこと自体、どこか落ち着かなくて、いらいらする。そう考えてみると、さまざまな生活にまつわる物たちは、たんなる物というより、生活を構成する大事な脇役たちだったとあらためて思います。脇役のフォーメーションがしっかりできていないと、主役の「生活」そのものが成り立たなくなるのだと思います。でも、これは私の個人的な感覚かもしれません。彼も娘もさほどいらいらしていなかったようですから。

九月に入って、新しいヘルパーさんたちが来るようになり、それまでの引っ越しのあとの埃っぽさから少しずつ抜け出し、新たな生活のリズムもできてきました。ここでの生活がなんとか回り出したころ、ユージーンへ旅立ちました。これは正式なフットルースとしてのプログラムではなく、個人的な非公式のユージーン訪問でした。本来なら、フットルースは今年、ユージーンへ行くプログラムを組む年でした。けれども昨年のプログラム終了後、交換先のMIUSAのほうから、来年も同じような若者たちのプログラムを東京で組みたいという要望があり、今年も東京でやることになりました。

そして去年のプログラムから、中心的に係わってくれている女子学生が一人いて、ユージーンへ行くとしたら今年しかないと言うので、それなら内輪で行きましょう、ということになり、三人で行きました。こんな街もあるよと、医療ソーシャルワーカーを目指している彼女に見せたかったのです。

たった三人でしたが、MIUSA側はプログラムを用意してくれ、ユージーンのさまざまな人たちと話し合う機会がありました。そのなかでユージーン人権委員会の人たちと話したとき、私なりに解けた謎があります。ユージーンをユージーンたらしめている土壌、それは彼らの言っていた「政治的な成熟（political maturity）」、これだと思いました。言ってみれば、人権をめぐるさまざまな課題をそれぞれの指導的な立場にある人たち同士が対等な立場で話し合い、解決の道を探ってゆく関係性がつくられているということです。

MIUSAの代表スーザンとも話し合ってきました。私とスーザンはまったくタイプの違う人間です。彼女はいかにもアメリカ的な闘士です。その彼女がボケかけている母親を、パートナーと一緒にやさしく面倒をみている姿は、彼女のもう一つの側面を見た思いです。

一九九四年にユージーンに滞在していたときの友人たちにも会ってきました。五年前に人工呼吸器をつけたキャロルはとても元気そうで、ビルを買ってNPOに展示場として貸す事業を始めようとしています。人工呼吸器をつけてもちゃんと話せるようになっていて、昔ながらのエネルギッシュな彼女を見てとてもうれしかった。

三十代半ばをこえたもう一人の友人は子どもを作ろうとしているとかで、ケイコはいくつで子どもを産んだ？　と訊かれました。今回の旅は、それぞれの人生に重ねられている年月を確かめあいながら、十年前の自分を探す旅でもあり、もうすぐ十年になるフットルースの行く末を考える旅でもありました。

これを書いているこの部屋は綱島街道に面した西向きの部屋です。今日は夕焼けが見えません。交差点が近いので、しょっちゅう車の行きかう音がしています。多摩川の近くで静かだった団地とは大違いです。それでも

——ユージーンでは、対等な立場で話し合い、解決の道を探ってゆく関係性がつくられている

夜になると窓から虫の声が聞こえてきます。怒濤の夏も終わって、引っ越しを機に家のなかでも電動車椅子を使うようになった新たな生活をゆっくりじっくり味わえる秋にしたいです。そして引っ越し前に会えなかった人たちや、引っ越し功労者たちをお招きできる秋にしたいです。

青海恵子

二〇〇五年九月二十八日

大橋由香子さま

早いもので、師走が目前です。引っ越しから三か月ほど経って、やっと落ち着きました。

ふり返ってみれば、この引っ越しは一つの区切りのような気がします。この往復書簡を始めたのはいつだったたっけと、ふと、思い、由香子さんにあてた最初の手紙を見てみました。九七年の秋。それぞれに子どもはまだ小学生でしたね。私の娘は小学五年生でした。それがもういまや大学生で、来年は二十歳になります。

彼女が生まれたとき、「この子が二十歳になったら、私は五五歳だ」、と自分の年齢を数えたものです。遠い、遠い先のこととして。それがもう来年のことになってしまいました。娘は、金銭的な面をのぞけば、もう確実に親の手を離れています。私と彼、二人だけでいる時間のほうが圧倒的に増えました。それはそれでなんの不都合もないのですが、ただ、子どもを真ん中にした時代は終わりを告げたと思います。

引っ越すまでの団地住まいの二十数年が子育てや仕事、活動、いろんなことにとにかく体力に任せて走ってきた年月だったとするなら、新しい住まいに引っ越して、これから重ねてゆく年月は、老いと死に向かう新たな段階に踏みこむ日々になるでしょう。

そして自分の体力と相談、ということが多くなるのだろうな、と感じています。今回の引っ越しの裏には、とにかく私も彼も歳を取るという厳然たる事実がありました。お互いに身体的に楽に暮らせる居住空間を確保する必要がありました。

これまでの日常の過ごし方ではいずれ無理がくると思い、ベッドや風呂場への移動にリフターを使うことも検討しています。電動車椅子も、もう少し座位の確保しやすいものを作ってもらうことにしました。それもこれも老い支度のようなものです。年寄りじみた話をしてしまいましたが、これも事実です。

引っ越していちばんの変化は、家のなかでも電動車椅子を使うようになったことです。以前のように、外出のたびに、手動車椅子から電動車椅子に乗り換える手間がなくなりました。この乗り換えが一人でできなくなって十年あまり、そのたびに誰かに頼まなければなりませんでした。その誰かはヘルパーさんだったり、彼だったり、たまに娘だったり、友だちだったりしましたが、この手間がなくなる、電動車椅子一つでの暮らしは長年の夢でもありました。その夢がかなったわけです。気が向いたらいつでも、ふらりと外に出られるようになったわけです。ユージーンで暮らした三か月と同じように。

ところが、引っ越してからこの方、用事があるとき以外は、意外と外に出ない自分を発見してしまいました。これはどういうことだ、と、自分でも驚いています。長年の暮らしで、いつの間にか、家にいることが習い性になってしまったのか？　それとも、私はもともと、家にいるのが好きだったのか？

これは一つには、季節が冬に向かっていることがあるかもしれません。電動で歩き回るには、冬は不向きです。自分の体を動かして歩くわけではないので、体内に熱を発しないから寒いのです。いちいち上着を着なくてはいけないのも面倒だし。もう一つ考えられるのは、自分一人の時間を確保するためです。できないことが増えれば、ヘルパーさんにいてもらう時間も勢い増えてしまうので、そうした時間を計算に入れつつ自分の時間を確保しなければなりません。

このあたりでまだ行くところがあまりない、ということもあるかもしれません。そうそう、このあたりには、喫茶店というものがありません。それにしても気がついたのは、私には一人で映画を見に行くとか、コンサートに行くとか、そういう発想に欠けているのかも、ということです。実は私は趣味のない人なのか、などと、ちょっと愕然とします。

まあ、なにはともあれ、団地住まいの日々を往復書簡というかたちで由香子さんと共有できたのはとてもよかったと思っています。子育てのことやら、仕事のことやら、活動のことやら、さまざまに考えたり、感じたりしてきたことを手紙に書きつづってきましたが、それらのことはこれからも形を変えながらきっと続いてゆくことだと思います。

ほんとうに年寄りになったら、また語り合うのもいいですね。人生がつづくかぎり、あれやこれやあるでしょうから。若かろうが、歳を取ろうが、いつでも大事なのはきっと「友だち」です。由香子さんはこれからも、そんな友だちであり続けるでしょうから。

それでは、ひとまず、これにて。

二〇〇五年十一月三十日

青海恵子

青海恵子さま

お便り、ありがとうございます。最初の手紙から、もう八年になりますか。

実はこのところ、電車の乗り換えのときや、公園を通り抜けるときに、当時の手紙の中身が頭をかすめることがあります。小さな子を相手に悪戦苦闘している女性をみると、「大変だね、がんばってるね」と感心しながら、「すぐに大きくなっちゃうから、今を大切にね」と呼びかけたくなるのです。

あ、これって、かつて私が、見ず知らずのおばさんに「今が一番いい時よ」とか「そんなに焦らないでじっくり子育てすれば」と言われて、「そうかもしれないけど、『いい時』と言われてもねえ……」と戸惑ったのと同じだ、と思い出すのです。

経験者の物言いは、どうしたってお説教くさくなるから、あまりしゃべらないようにしていた時期もあるけれど、最近は遠慮しないで子連れの女性に話しかけます。私自身も小さい子を連れていたとき、困惑もしたけれど、他人に話しかけられるのが面白かったのを思い出すからです。それに、今の若いママたちも、話しかけるとニコッとうれしそうに応えてくれる女性が多いからです。ただし、子どもの年齢に応じた面白さがあると痛感するので、「今が一番いい時よ」とは言わないようにしています。

階段や電車の乗り降りのとき、バギーを持ち上げるのを手伝うのも好きです。現実は、遅刻しそうで焦っていて、手を出せずじまいのほうが多いのですが。このごろは、ホームと改札をエレベーターで移動できる駅もあるので、そうすると「親切運動」の出番がなくなってしまいます。でもこれは、車椅子の移動もふくめて、基本的に歓迎すべきことでしょう。

夜の混んだ電車で、小さい子を抱っこしている女性がつり革に揺られ辛そうにしているのに、その前に座っている若人が携帯メールに夢中になっていたので、「ちょっとあんた、席ゆずってあげなさいよ！」と口出ししてしまいました。まあ、アルコールの勢いでですけどね。あとでパパらしき若い男性が「ありがとうございます」とお礼を言いにきて、おせっかいも悪くないなと思いました。父親がいるなら、あんたが抱っこすればよかったのに、とは言いませんでしたよ。子どもがおかあさんに抱っこされたがったのかもしれないし、カップルにはそれぞれの役割分担があるでしょうから。

さて、今になってふりかえると、恵子さんも私も、子どもを産んで育てる日常になってからの悩みを、自分の活動の場で共有できずに孤独だったのかも、と思います。

私の場合、仲のいい友だちには子どもがいない人が多く、いたとしても、赤ん坊が生まれたらめったに会えないし、しゃべることすらできない。

そしてなにより、私がかかわっていたのが、女を母に収斂させて閉じ込めていく社会や母性のありかたに異議を唱える活動（運動）だったせいもあって、当然のことながら、子育てや子どもというテーマへの興味・関心が低い場だったわけです。

この秋「ウーマンリブは活火山！」と題した、リブ新宿センター「ドテカボ一座」によるミューズカル〈女の解放〉のビデオ上演会に行きました。私は同時代としての七〇年代ウーマンリブを知らないので、一時期、ニュースレター「この道ひとすじ」をはじめ、いろんなグループのガリ版刷りのビラを入手しては、貪《むさぼ》るように読んだ記憶があります。デモや座り込み風景の写真や映像は見たことがあったけれど、ウワサの「ドテカボ一座」は初めて。舞台をみて、ウーマンリブが、結婚して子どもを産んで母になることが女の幸せという常識をひっくりかえし、女を〈聖母〉と〈娼婦〉に分断するのはナンセンスと訴えていたことを再認識しました。それほどまでに女の生き方が窮屈だった七〇年前後の雰囲気（私は子どもでしたが）もよみがえってきました。

ウーマンリブは母幻想を否定したけれど、優生保護法改悪阻止運動での「産める社会を、産みたい社会を」というスローガンに見られるように、ある意味では産むことの価値を肯定していたと分析したのは江原由美子さんです。（当時、遅れてきた世代の私にとって、次の世代に言葉を継ぐことにまで余裕がないように見えたリブの女たちとは別に、経験をつなぎ、運動と理論をつなぐという両方の意味で、研究者の立場からリブを伝えてくれた「乱れた振り子」（「日本読書新聞」八三年十一月七日号〜八四年四月三十日号まで連載され、その後、江原由美子『女性解放という思想』（勁草書房）に「リブ運動の軌跡」として収められている）を、仕事で毎週、連載するのは、一緒に載せる写真をさがすこととともに、うれしい作業でした）

リブが内包していた「産むことの価値」を捨てない感覚は、プラスにもマイナスにもなりえますが、七〇年前後には払拭しきれなかった「限界」を、私が関わった八〇年代の優生保護法改悪反対運動は、かなりクリアしていたと思います。ということは、つまり「産まない」ということを、より前面に、積極的に押し出していたし、〈母〉とは違う生き方をしている〈娘〉たちが——数としてはマイノリティでも——自信をもって、力をつけて、ふつうに存在し始めていたような気がします。

結婚して子どもを産まなくても生きていけるためには、食べられるためのお金が必要なわけで、賃労働の場での女性差別をなくそうという活動も、八〇年前後には既成の労働組合運動とは別のところでさかんになっていました。ちょうど「'82優生保護法改悪阻止連絡会」（130頁参照）は、「国際婦人年をきっかけとして行動を起こす女たちの会」や「私たちの雇用平等法をつくる会」「鉄連の七人と共に性による仕事差別・賃金差別と闘う会」の女性解放合同事務所・ジョキに間借りしていました（どのグループも名前が長いですね）。

だからこそ私にとって、事務所という物理的な空間に象徴される活動の場は、日々の不満をそこにいる女に愚痴り、ほかの人の話をきき、怒って、笑って、毒がいっぱいだけどすてきな女たちを目の当たりにして、元気になって、オトコオトコした職場や日常にもどっていくガス抜きの機能も果たしていました。

「そのうち子どもがほしくなるよ」とか「やっぱり子どもを産んでみると、視野が広がるよ」という見方（これは世間一般も、運動の世界も共通）に辟易《へきえき》していた私は、「ひとりですけど、子どもいませんけど、それが何か？」「産まなくたっていいじゃない」という空間の心地よさを求めていたのでしょう。

だとすれば、当然のことながら、子どもが生まれてからは、そのガス抜き効果に少し異変が起きます。もちろん、女であることの生きがたさと、それと表裏一体の「女でよかった」という感覚を味わえる点では、自分らしくいられる、居心地がいい人間関係であり、そういう関係を広げていく活動をする場であり続けています。

でも、自分の属性に新たに加わった「母になったこと」とどう折り合いをつけるか、それを探るには、満たされないものが出てきたのではないかと、今では思います。

それなら、「遅れて来たウーマンリブ」やフェミニズムの観点から子育てを考えるサークルに参加するか自分でつくればよかっただろうに、なぜかそういうことは思いつかなかった。

思いつかないどころか、賃金を得る労働と家事・育児労働以外にやっとこさ捻出した時間で、「産まない／産めない」ことをテーマにする活動にかかわっていたのですから、考えてみれば不思議なことです。自分にとって「産んだこと」「母であること」をどうとらえたらいいのか、ある時は忘れようとしたり、居直ったり、どこかしら混乱していたのでしょう。あるいは「母であること」から逃亡したい気分が、そういうテーマを選ばせたのかも。

恵子さんと手紙をやりとりすることで、そんな自分の思考の乱れやねじれに向き合おうとしていた気がします。

この手紙でも何回かふれたように、保育園や学校、学童保育など、最初は親同士としてつき合い始めたけれど、話しているうちに、子どものこともふくめて、私のとって大事なテーマを共有できる人間関係にも出会えました。恵子さんがいう「友だち」ということですね。

活動や運動という形にはならなくても、今の時代の息苦しさに対して、なんとかしたいと感じながら、でも結局はたいしたこともできずに暮らしている人間が――自分もふくめて――身近にいることは、心強いものです。大きな流れがきたら、あっという間に呑み込まれてしまうかもしれないけれど、案外しぶといかもしれない、とも思います。

たまたま子どもがいることで出会った人間関係もあれば、仕事や趣味を通じての知り合いもあるでしょうし、決して「子どもがいると視野が広がる、人生が豊かになる」ということを言いたいのではありません。子どもがいることで広がる世界もあれば、見えない世界もあるし、子どもがいないことで広がる世界もあれば、気づかないこともあるでしょう。

そう、やっぱり、産むこと、産まないこと、産めないこと、どれもがそれぞれの味わいをもっているのだろうと思います。少子化だからそのどれかを×にして、どれかを○にするのではなく、どの人生が正解なわけでも勝ちでも負けでもなく、こういう人は産む資格ナシと国家が決めるのではなく、ひとりひとりが決めていく。迷って、悩んで、後悔もするし、もう面倒になって成り行きや偶然にまかせたり、あきらめたり、なだめたり、それでもあがいたり……。そんなふうにモヤモヤしながらも選べることが、カタカナでいえば「リプロダクティブ・ライツ／フリーダム」なのだと改めて感じます。

恵子さんは老い支度も兼ねて団地を離れたとのことですが、もう少し若い私は（というか、怠惰な私は）、時々考えてはみるものの、まだ具体的な準備はできていません。

最近は、更年期はどんなかんじかな、ということに興味が向き始めています。

そろそろ覚悟しておかないといけないのは、親の介護かな。

いずれにしても、子育ての記憶も、それに惑わされた日々も、どんどん遠のいていきます。でも、ときどきは、お互いの記憶を呼び起こしましょう。

それでは、またいつか。

二〇〇五年一二月三十日

大橋由香子

本書は、『インパクション』一三一号（二〇〇二年七月）から一五〇号（二〇〇六年一月）まで、一九回にわたって連載された「記憶のキャッチボール　介助・子ども・仕事をめぐって」を一冊にまとめ、若干の加筆訂正を加えたものです。

カコミコラム中の署名（S）は青海が、（O）は大橋が、その他は編集部が執筆しています。

あとがき

どこに発表するあてもなく、書きはじめたこの往復書簡。当時はメールではなく、ワープロとFAXの時代だった。『インパクション』に連載させてもらえることになり、それまで書きためたものを見直す作業に使ったのは、ところどころ黄色く変色したFAX用の感熱紙だった。いまや、Eメールと普通紙FAXの時代。時の流れを感じる。

私にとって、この往復書簡は日常のなかでふと立ち止まり、一つの出来事から、それまでの自分やいまの自分に係わるさまざまなことを思い出したり、見直したりすることだった。あらためて読み返してみると、自分がなにをどう考えて、いまに至っているかが見えてくる。

一つには、いわゆる「運動」という観点からすれば、一九九七年に自分で立ち上げたグループ以外、私はどこにも属さずに生きてきた、ということだ。そして人生の折り返し地点をすぎて思うのは、人生にはそれからの自分の生き方を決める節目というのがあるのだな、ということである。自分の人生の節目を数えてみると、最大の節目は三十代と四十代に集中している。たとえるなら、私の二十代が人生を模索する助走であったとすれば、それにつづく二十年はとにかく走りつづけた年月だった。

昨年の十一月から由香子さんの所属する「SOSHIREN女（わたし）のからだから」二十五周年の連続講座が始まっている。これにはできるだけ参加しようと思っている。「どこにも属さず」にいた私だが、二十年来、この「SOSHIREN」の周辺にいた。連続講座に出かけて思うのは、由香子さんをはじめとした「SOSHIREN」のコアメンバーと三十代はじめに出会えたことが、自分を「女」として同定してゆくうえで、とても大きな力になったということだ。それは裏を返せば、私の生きる条件としての「女」であることと、「障害者」であることの二つはずっとアンバランスだった、ということだ。

この講座で出会う私と同じ年頃の彼女らも、私と同じようにちらほらと白髪が交じっているが、柔軟で創造的な発想と行動力はいまも健在だ。私も人生の節目、節目で、そういう発想を糧にして乗り越えてきたように思う。

たとえば、「産むべきか、産まざるべきか、それが問題だ」と、ハムレットのごとく悶々としていたとき、「産んでみるのも面白いんじゃない」と、さらりと言ってのけたNさんの言葉、この一言で、私がほんとうはなにに悶々としていたかに、はたと気づき、新たな方向から考えることで「産む」という答えにたどり着くことができた。

産むことに決めてから、ある「SOSHIREN」の学習会で、「子どもが生まれるんだって、おめでとう！」と、私の耳元でささやいて持ち場に戻ったAさん。いずれの言葉も身にしみた。なぜそれほど身にしみたのかといま考えると、まさにそれが「女が女にかける心からの言葉」だったからだとわかる。

「SOSHIREN」の若手だった由香子さんが、ニュースに連載していた「ニンプのひび」（後に『ニンプ、サンプ、ハハハの日々』）に、「う〜ん、こういう感性、いいな」と、自分の「ニンプのひび」を思い返したこともあった。

この往復書簡では、子育てのあれやこれやから始まって、日常のさまざまな出来事や、社会の動きにたいする見方などを二人で語ってきた。それを通して、生きる条件と立場の異なる由香子さんと私が、「女」という共通項、「子持ち」という共通項を軸に、それぞれの人生の同質性と異質性を、双方の側からあきらかにしようとする試みでもあったように思う。

それはさておき、なにを感じとっていただけるかは、読者の自由である。少しでも共感していただけることがあれば、これほどうれしいことはない。

最後に、この往復書簡を連載させて下さったインパクト出版会の深田卓さん、単行本化にあたって、編集の労をとって下さった須藤久美子さん、お二人に心から感謝いたします。

二〇〇八年三月

青海恵子

著者紹介

青海恵子（けいかい・けいこ）

1951年青森県弘前市生まれ。1982年上京。翻訳の専門学校，翻訳家大島かおり氏を囲む翻訳勉強会を経て，翻訳の仕事をするようになる。連れ合いと２匹の猫，ときどき帰ってくる娘と，横浜市に暮らす。


主な訳書；『おしゃべりな口』『こまったくちばし』（岩波書店），『車椅子の高さで』『父と息子』（晶文社），『ナイト・ガーデニング』（ディスカバー21），『障害者権利条約』（千書房）ほか。

主な論考；「障害にたいする漠然とした不安と恐怖」（『インパクション』97号），「障害と性」（『家族へのまなざし』弘文堂），「ユージーンへの旅」（『新編国語』三省堂）

大橋由香子（おおはし・ゆかこ）

1959年東京都大田区生まれ。勤務した２つの出版社はなくなり，３つめの転職先で産休を取得。正社員に復帰したものの，ふたりめ出産を機にフリーランスになり，編集･ライターの仕事をする。現在，男３人と東京で暮らしている。


著書；『ニンプ･サンプ・ハハハの日々』（社会評論社），『からだの気持ちを聞いてみよう』（ユック舎），『キャリア出産という選択』（双葉社），『生命科学者中村桂子』（理論社）ほか。

共編著；『働く／働かない／フェミニズム』（青弓社），『女の子のための仕事ガイド５　人を楽しませたい』（理論社）ほか。

主な論考；「産む産まないは女（わたし）が決める」（『講座女性学３　女は世界を変える』女性学研究会編　勁草書房）

記憶のキャッチボール
子育て・介助・仕事をめぐって

2008年 5月10日　第１刷発行

著　者；青海恵子・大橋由香子

発行人；深田 卓
装　幀；田邊恵里香
イラスト；若杉さえ子
発　行；（株）インパクト出版会
113-0033 東京都文京区本郷 2-5-11 服部ビル
Tel 03-3818-7576　Fax 03-3818-8676
impact@jca.apc.org　http://www.jca.apc.org/~impact/
郵便振替　00110-9-83148
印刷・製本　シナノ

家事労働に賃金を
フェミニズムの新たな展望

マリアローザ・ダラ・コスタ［著］
伊田久美子・伊藤公雄［訳］　2000円+税

「労働の拒否」という戦略に結合した家事労働賃金化闘争の提唱者、ダラ・コスタの初の自選論集。イタリア・フェミニズムの最前線。

愛の労働

ジョバンナ・フランカ・ダラ・コスタ［著］
伊田久美子［訳］　1825円+税

「性と暴力の関係、結婚の中の強姦、売春とレズビアニズムがどうして男に対する闘いになるのか……が明快に解かれる」（上野千鶴子推薦）

医学の暴力にさらされる女たち
イタリアにおける子宮摘出

マリアローザ・ダラ・コスタ［編著］
勝田由美・金丸美南子［訳］　2000円+税

西欧先進諸国における子宮摘出問題を通して、女性たちの体がどのように扱われてきたかを告発する。協力・佐々木静子、解説・大橋由香子

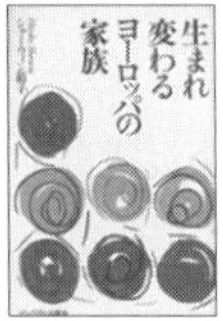

生まれ変わるヨーロッパの家族

シャーウィン裕子［著］　2000円+税

国際結婚、同棲・シングルの増大、未婚増婚離婚の母、ゲイ・レズビアンの家族、そして老人たちの共同生活など、幾多のインタビューで２１世紀の家族のあり方を探る。いまもっとも新しい家族をめぐるドキュメンタリー。

かけがえのない、大したことのない私

田中美津［著］1800円+税

ウーマン・リブの名著『いのちの女たちへ』を超える田中美津の肉声、ここに。

リブ私史ノート
女たちの時代から

秋山洋子［著］1942円+税

かつてあれほど中傷、偏見、嘲笑を受け、しかも痛快で、生き生きとした女の運動があっただろうか。ウルフの会の一員としてリブの時代を駆け抜けた一女性の同時代史。

〈侵略＝差別〉の彼方へ
あるフェミニストの半生

飯島愛子［著］2300円+税

70年代リブ、日本における第二波フェミニズムをひらいた「侵略=差別と闘うアジア婦人会議」の理論的支柱であった故・飯島愛子。その半生記と主要論文を網羅。解説・加納実紀代、年譜・石塚友子

まだ「フェミニズム」がなかったころ
1970年代女を生きる

加納実紀代［著］2330円+税

リブで幕を開けた７０年代は、女たちにとってどんな時代だったのか。働くこと、子育て、母性、男社会を問うなかから、９０年代の女の生き方を探る。

リブ新宿センター資料保存会［編］

リブ新宿センター資料集成〔全３冊〕

リブニュース この道ひとすじ

B4判・202頁　定価7,000円+税

１９７２年１０月に創刊された「リブニュース この道ひとすじ」。「ミニ版」「号外」を含めた全号を復刻。

リブ新宿センター

パンフレット篇 ビラ篇

2分冊＝定価48,000円+税（分売不可）
パンフレット篇B4判・526頁
ビラ篇B4判・662頁

パンフレット篇は、リブ新宿センターとその運営グループが１９７０～７７年に発行したパンフレット１８点と、「優生保護法改悪阻止実行委員会」発行のパンフレット１点の計１９点を収録。ビラ篇は、リブ新宿センターとその運営グループが１９７０～７７年に発行したビラおよびリブ新宿センターのメンバーが寄稿するなどした他団体の印刷物も収録した。復刻版。